じぶんで考え じぶんで話せる こどもを育てる 哲学レッスン

増補版

河野哲也

河出書房新社

もくじ

Part.2

増補版について

本書は、二〇一八年に出版した『じぶんで考え　じぶんで話せる　こどもを育てる哲学レッスン』に、加筆修正をした増補版になります。本書の最初の版である『「こども哲学」で対話力と思考力を育てる』が出版されたのが二〇一四年ですが、そこから着実に版を重ね、内容もそれに応じて新しくできたことを喜んでいます。

この版では、「コラム①　深い議論とは何か」と「補論　二〇一〇年代における変化と次のステップ」を加筆してあります。コラムでは、「対話を深める」「哲学的な次元で対話する」とはどういうことなのか、どのようにファシリテーションをすればよいのか、私なりの示唆を書いておきました。補論では、現代の日本の教育動向が、対話型の教育を求めていることを指摘しました。

補論で詳しく書いたように、哲学対話を巡る状況はこの一〇年間で大きく変化しました。私が対話型の実践哲学に関心を持ったのは、じつは「サイエンス・カフェ」が最初でした。サイエンス・カフェとは、科学的なテーマについて、専門家である科学者と一般の人々が、科学の文明的な意義や、その応用に係るもろもろの問題点、社会への正と負のインパクトなどについて、対等な立場で語り合う科学技術コミュニケーションのことをいいます。それは、専門家と一般市民が上下の関係ではなく、水平的な関係を保ちながら、科学と社会とのあり方について検討し合う活動です。

サイエンス・カフェは、フランスで一九九〇年代初頭に生まれた「哲学カフェ」にヒントを得て、九〇年代末にフランスやイギリスで開始されたと言われます。その五年後くらいには日本に導入され、二〇〇五年には、北海道大学に、先駆的な「科学技術コミュニケーター養成プログラム（CoSTEP）」（二〇一〇年三月より、「科学技術コミュニケーション部門」となる）が創設されます。その後、サイエンス・カフェはすっかり科学の活動と教育の中に定着しました。筆者もその創設の現場に立ち会い、知と社会のあり方を問い直す哲学の役割と哲学の対話との本質的な関係について、実感を伴って理解を深めました。

その後しばらくして、哲学的な対話が、小学生、さらに就学前のこどもにおいても実施されていることを知るようになり、すぐに強い関心を持ちました。国内で開始された実践を見学したり、国際学会でのワークショップや研究会に参加したり、ハワイでの実践に加わったりして、その理論と方法を学びました。そして、こども哲学の方法論が、哲学カフェと基本的に同じものであり、それをこどもの発達段階を踏まえながら実践していることが分かってきたのです。そして、二〇一〇年ごろから海外の実践者や研究者を招いて、ワークショップや講演会を行い、同時に首都圏の学校でこども哲学の実践を開始しました。

哲学カフェやこども哲学が日本各地で大きく広まったきっかけは、二〇一一年の東日本大震災でした。天災から生じた原発事故は、私たちの日常生活とそれを支えている現代文明のあり方に根本的な反省をもたらしたのです。人々は、哲学的な対話を通して、自分たちの問題に向き合おうとしました。

そして、二〇二〇年は、新型コロナウィルスの世界的な感染拡大に翻弄された年として、歴史に刻まれることでしょう。この生物学的で化学的な天災は、震災や津波とは別の角度から私たちの社会の脆弱な点を突き、その問題点を詳《つまび》らかにしました。私たちは再び、自分たちの人生と現代文明のあり方について深く反省せざるを得なくなりました。天災は、社会に潜在している問題点を暴露し、そこから生じる危機を加速させます。私たちは、もう小手先の対処では手に負えない、大きな文明の曲がり角にきています。それを解決するには、深い哲学的なレベルでの思考が不可欠です。

私たちひとりひとりが、哲学的な問いに向き合わなければならない時代は、はたして幸福と言えるのかどうか分かりません。しかし、それらの問いから逃れることができないのは確かです。こどもも、大人と同じくこの状況に直面しています。こども哲学が、そうした自分の人生の捉え直しと新しい文明の構築のためのコミュニケーション方法として役立つことを祈っています。

初版について

『じぶんで考え　じぶんで話せる　こどもを育てる哲学レッスン』は、二〇一四年に出版された『「こども哲学」で対話力と思考力を育てる』の全体を組み替えて加筆修正し、さらに読みやすく、誰にも使いやすいものへと全面的に改めたものです。前著以上に多くの人に手に取っていただきたいと思います。

本書が出版されてから四年間で、こども哲学をめぐる状況もずいぶんと進展しました。小学校から高校まで多くの学校で哲学対話を取り入れた授業が行われるようになり、いくつかの学校では本格的な教科として学校全体で採用されるようになりました。

宮城県では、「探究の対話（p4c：philosophy for children）」が地域として取り組まれています。NHKのEテレでは、筆者が監修している「Q～こどものための哲学」がシリーズで放映されています。私個人も、下は幼稚園・保育園から上は高校生、さらに保護者や教師の会、教育委員会に呼ばれて、こども哲学や哲学カフェの実践をしたり、講演をしたりする機会が格段に増えました。

このようにこども哲学に「波」がきているのは、もちろん、アクティブ・ラーニング（主体的・対話的で深い学び）、ＰＩＳＡ（ＯＥＣＤ生徒の学習到達度調査）のキー・コンピテンシー（主要能力）教育、二〇二〇年の大学入試改革（注・これは以前思い描いていた通りには進んでいません）、「考え、議論する道徳」の教科化、新科目「公共」、シチズンシップ教育など、現在の教育をめぐる動向がおしなべて、考える力や対話する力を伸ばすことを求めているからです。しかしそれだけではありません。いま、日本人は、人生においてどのような価値を追求すべきか、人間と人間のつながりはどうあるべきか、自分たちの社会をどのように作り上げていけばよいか、自然と生命とにどのように向かい合っていけばよいか、科学技術のあり方はこのままでよいのか、これらの問題をしっかりと掘り下げて考えたがっているのです。

私はこの対話の活動に時代を変える大きなきっかけがあるように感じています。

新しく組み立て直した本書で、皆さんがより、こども哲学に親しんでいただけたら幸甚です。

はじめに　「こども哲学」がこどもも大人も変える

変わりゆく教育に対応する

こどもの教育はいつでも大きな社会のテーマです。教育政策は、一九九〇年代後半からめまぐるしく変化しました。一九九〇年代初頭に知識を詰め込むタイプの教育が批判されて、「新しい学力観」に基づいた、いわゆる「ゆとり教育」が導入されました。しかしまた近年、今度はゆとり教育が批判されて、基礎学力の重視が叫ばれています。ＰＩＳＡのような国際教育ランキングの上下に、みんなが一喜一憂している有り様です。しかし、こどものために本当に求められている教育とは何でしょうか。こどもが、本当に身につけなければならないものとは何でしょうか。

以前のように、それが知識の単純な記憶ではないことは誰の目にも明らかです。これほど情報機器が普及して、誰もが、大量の情報に瞬時にアクセスできる時代に、かつてのような記憶力が求められているはずがありません。調べればすぐに分かることを、どうして覚える必要があるのでしょうか。また、ロボットや人工知能がますます高度化する時代に、速さや正確さを競うような単純な計算能力を身につけても意味がないことも明らかです。では、こうした時代に私たちはどういう能力を身につければよいのでしょうか。

「現在の社会で必要な能力とは、思考力とコミュニケーション力、とくに対話する力や議論する力だ」と誰もが、口を揃えて指摘します。知識は人間の過去の経験の蓄積だが、それを利用して新しい現実に向かっていくための思考力が求められている。現実社会での仕事はどの分野でもひとりでできる作業ではなく、さまざまな人たちとの共同作業こそが求められている。だから、そのためのコミュニケーションする力、自分を表現する力が大切なのだ。世間ではこのように言われています。確かにその通りでしょう。しかし問題は、思考力とコミュニケーション力とは、そもそも、どういう能力なのか、そしてそれをどうやって育てるのか、です。

本書では、思考力と対話する力を育てるもっとも注目すべき方法として「こども哲学」を提案しようと思います。こども哲学では、**哲学的なテーマについてこどもどうしで対話をすることで、他人と合理的に議論する力、自分自身で自律的に考える力を養うことができます。**しかし、こども哲学は、単に現代の産業社会に求められているから、思考力や対話する力を育てるわけではありません。（それも重要ですが。）哲学対話は、人間として意義ある人生を生き、よき社会を構築していくための教育なのです。無批判に権威や他者に追随することをせず、自分で自分の人生の価値を見つけ、自分で判断し行動するためには哲学が必要です。それをこどものときからやるべきなのです。

　こども哲学は、一九二〇年代にドイツで萌芽し、アメリカの哲学者であるマシュー・リップマン（Matthew Lipman, 1923-2010）によって一九七〇年代に大きく躍進した哲学の教育方法です。八〇年代に関連学会や教育機関がつぎつぎに設立されると、世界各地に広まり、北アメリカ、南アメリカやヨーロッパ、アジア、中東のいくつかの国々では、中学校・高校だけでなく小学校や幼稚園・保育園でも実践されるようになりました。

　日本でも遅ればせながら、二一世紀になってからいくつかの私立や公立の学校で実践されるようになり、この数年で飛躍的な興隆の動きが生まれています。私も、仲間や協力してくれる学校の先生たちと一緒に、小中高等学校で実践しています。（高校生や中学生を「こども」と呼ぶのは失礼かもしれませんが、ここでは成人前の人をすべて含めてそう呼んでしまいましょう。）本書では、私たちの実践の報告も含めて、どのように学校で哲学を行うのか、そのよさは何なのかを解説したいと思います。

考える力、話す力をやしなう「こども哲学」

こども哲学というときの「哲学」とは何でしょう。ここでの哲学とは、難解な文章を講読するような種類のものではありません。身近なテーマや物語などを題材として、こどもたちが自分たち自身でテーマと問題を決め、意見を出し合って、問題についての考えを深め合いながらも、かならずしも結論は出なくてもよい、といったタイプの対話的活動です。（「対話」とは本来は一対一の会話を指すのかもしれませんが、本論では複数の人のやりとりも含めることにしましょう。）こどもたちは、身近なテーマであっても、対話を続けていくうちに自ずと議論は深まり、哲学的な思考を要求するレベルに到達していきます。すばらしい発言をするようになって、さらに考えを進めようとして黙り込むのです。

一方で、教師は、そうした哲学対話のオープンなテーマ設定からオープンな結末に至る過程のなかで、従来とは異なる役割を演じます。教師の役割とは、「教授する」ことではなくて、対話を促進するために、質問を投げかけることであり、議論の角度を変えることであり、意見が出るまでゆっくり待つことであり、こどもと同格の参加者として意見を述べることです。それは、**教師からは教えない教育であり、教師が生徒から教わる教育です。**教師が学べるほど生徒からすばらしい発言を引き出すことができるなら、それこそがすぐれた教師なのです。

つまり、対話という学びを通して、吟味された意義深い人生を生きてもらおうとするのが、こども哲学の目的です。それは、大人にとっては、こどもの「ために」する哲学であると同時に、こどもと「ともに」する哲学でもあります。**対話は、こどもだけではなく、まわりの大人たちをも成長させるからです。**

未熟ではないこどもの力を引き出す

これまでの説明を読んでピンときて、「たしかにこうした哲学が必要だ」とか、「哲学とは、もともとこどもとともにするものだ」とかおっしゃって、ひざを打った読者もいらっしゃることでしょう。他方で、こども哲学のようなものがありえるのかと首をかしげている人もいることでしょう。「抽象的で難解な問いは、知識や経験が豊富な大人にこそふさわしい」とか、「こどもは思考力が未熟で、とても大人の指導なくしては哲学的なテーマについて考えることなどできない」とか思われる人もいることでしょう。もしこのように考えている人がいたら、この本を読んで少しでも考え方をあらためていただくことを、私は期待しています。

ジャン・ピアジェの心理学が隆盛を誇った一九七〇年代までは、こどもは具体的にしか考えることができず、抽象的な概念を理解することができないと考えられていました。抽象概念をうまく扱えるようになるのは、おおよそ中学校の後半からだと信じられていたのです。しかしこの説は、現在では厳しく批判され、発達心理学ではもはや信じられていません。かつては、女性は哲学ができないなどという偏見を持っていた人がいました。もしかすると、こどもには抽象的な思考などできないという考えもそれと同じレベルの偏見ではないかと、私は思っています。現在の教育はこどもに対する差別を前提として成り立っているのではないか。こういう疑念すら私のなかでどんどん大きくなっていて、教育という分野を大きく変えないといけないとまで思うほどです。

　こどもはたしかに経験に乏しい面もありますが、それでも実に多くのことを知っています。こどもは身体が小さくて体力が十分でないですから、ときに思考への集中が続かないこともありますが、それでもきちんと合理的に考えることができます。こどもは、まだ人生が始まったばかりでも、自分が成長し、年老いて、死んでいく姿を思い描いています。こどもは真剣に人生を生きているのです。

　こども哲学に疑念を持っている人は、ぜひ一度、こどもと一緒になって哲学対話を体験していただきたいと思います。対話を外側から観察しているのと、対話に参加するのでは、空間距離は近くとも、心理的には天地の差があります。外から眺めているだけでは、けっして哲学対話のすばらしさは分かりません。こどもの思考の息づかいも分かりません。理解への一番の早道は、読者の方にもいろいろなところですでに始まっている実践に参加していただくことです。

　ですが、どういうものかすぐに知りたいという人には、『ちいさな哲学者たち』（ジャン＝ピエール・ボッツィほか制作・監督）というドキュメント映画をご覧になることをおすすめします。日本では二〇一一年に上映され、ドキュメント映画としては大成功を収めたと聞いています。現在、ＤＶＤ化されています。

　この映画は、フランスのセーヌ地方のジャック・プレヴェール幼稚園で、三歳から五歳のこどもたちと哲学対話を行った二年間の記録を集約したものです。この幼稚園は教育優先地区にあります。教育優先地区とは、社会的・経済的に恵まれていない人びとの住む地域で、移民が多い地域でもあります。この区内の学校は行政による財政面・教育面の特別な支援を受けています。担当のパスカリーヌ先生は、「愛とは何か」「賢いとはどういうことか」「どういう状態を自由と呼ぶか」、あるいは、貧富の差や人種問題に関係する問いをこの地区のこどもたちと考えていきます。ご覧になっていただきたいのですが、こどもたちはびっくりするほど世界を鋭く観察し、友だちどうしで深く考えることができるのです。ひとつひとつのシーンをよく観察すれば、こどもたちの互いの意見は対応し合っていることが分かります。二年間、同じ園児たちを写していますので、そのこどもたちの変化と成長、そして、教師や家庭に及ぼす影響を見ることができます。こどもたちは、家庭でも哲学の話を親にします。親も、こどもに引きずられるように哲学的なテーマについて考えるようになっていきます。このドキュメントは、**幼稚園児でも哲学ができる非常に確かな証拠を示しています。**

　本書ではこうした教育を推進したいのです。本書の前半は理論編として、こども哲学とはどういう意図を持った実践なのか、そして哲学対話はこどもの教育にとってどのような点で必要とされるのかを中心に論じていきたいと思います。後半は実践編として、実際にこども哲学を学校でどのように実践すればよいのか、心構えと方法論、テキストなどについて具体的に述べていきます。こども哲学に関心を持ってくださった方が、実際にこどもと哲学対話を実践することを通じて、こどもの成長を促し、またご自身も哲学的に思考することの楽しさと重要性に気づいていただければ幸いです。

Part.1

こどもが本来持っている力を伸ばそう

聞いて、考えて、話すための環境づくり

こどもが、自分の意見をうまく言えないこと、学校での出来事や体験したことについてただ「面白かった」というだけの感想しか言わずに終わってしまうようなことはよくあるでしょう。

他方、自分の要望を一方的に言いつのるだけで、他の意見を聞かせるのに苦労するときもあると思います。

どんなふうにこどもから言葉を引き出せばいいのか迷い、こども自身にもっと考えて・聞いて・話してもらいたいと思うときこそ、こども哲学の出番です。

もう、ほら
お兄ちゃん
なんだから！
どん
仲良くやりなさい！
おれが先！
あたし！
友達みんな持ってるんだよー！仲間はずれにされたらどうすんのさー
どた
どた
代わりにスマホ買ってよ！
ダメ！
わかった、じゃあそのゲームあげる
えっ
やった！
どう言えばいいんだろう…
ちゃんと話し合いたい
もういい！IT時代にとりのこされたって知らないから！
ちょっと！
そんなことで仲間はずれにするような人は友達じゃないの！

来週は
ボランティア
をしに行きまーす!
学校で…
ざわ ざわ
どこいくのー
えーー
先生ー
ボランティアってどういう意味ですかー?
知らないのー
知ってるー
ボランティアっていうのはー…
自発的
無償
志願
はっ
こ、困ってる人を助けることかなー?
そうなんだー
へー
ごまかしてはよくないわ、これは話し合ういい機会かも
じゃあみんなでボランティアについて考えてみましょう!
いいじゃんボランティア勉強しないですむし
ボランティアだって勉強だよー
ワイ
遠足みたいで楽しそう!
ワイ
はいはい
静かにしてーー
キーーン
コーーン

学芸会
だけどさー
……まったく
考えを引き出せ
なかった
まあ
発言力強い子も
いるからなー
なんで
このあいだの
ホームルームで
言ってくれない
のかしら
こうした方が
よくない?
そう思う!
あら
先生なにしてるのー?
無理に発言
してもらうわけに
もいかないし…
いろんな子に
発言してもらうには
どうしたらいいだろう…

1 「ひとりの人間」にしよう

大人が思い込みにとらわれない

こどもに哲学を、と主張する前に、そもそも哲学とは何かについて最初に考えておきましょう。

哲学とは何でしょうか。この本を手に取った方は、いろいろな哲学者の名前をご存じのことと思います。ソクラテス、プラトンといった古代の哲学者や、デカルトやロックやカントのような近代を代表する哲学者、フーコーやハーバーマス、サンデルといった現代の哲学者の名前が挙がってくるかもしれません。西洋だけが哲学を生んできたのではないといって、インドや中国や日本の哲学者の名前を挙げる人もいるでしょう。

　哲学とそれ以外の分野の区別はそれほど明確なものではありません。物理学者として有名なニュートンは、当時は「自然哲学者」と呼ばれていましたし、小説や戯曲や詩のような文学作品のなかには哲学的な考えがたくさん含まれています。古くは孔子、現代ではマハトマ・ガンジーは、政治家や執政者であると同時に哲学者であったと言えましょう。企業経営者のなかにも、哲学的な考えに基づいた経営をしている方もいらっしゃいます。こうして考えてみると、哲学とそうでないものの区別ははっきりとせず、哲学を定義することは他のどの学問よりも難しそうです。哲学とは何かを考えること自体が、哲学的な問いだとも言われます。

　ですが、明らかなことは、哲学とは真理の探求だということです。私たちは自分でさまざまな思い込みを持っています。思い込みは誤ったり不正確だったりしますし、自分の思い込みに気づいていない場合もしばしばです。哲学とは、思い込みを愛するのではなく、思い込みを排して、ひたすら真理を愛して探求する行為です。哲学の本質は探求するという行為にあるのであって、知識を所有することにはありません。**自分が正しい知識だと思っていたことが誤った思い込みだったということはよくあります**。むしろ、自分がこれまで信じてきたことが誤っていると思えば、潔く放棄する態度が哲学的態度だと言えましょう。

では、真理を探求するために、私たちは何をするのでしょうか。事実を調べてみるというのもそのひとつでしょう。しかし、私たちが探求する問題は、事実を調べれば済むものばかりとはかぎりません。というよりも、哲学的問題とは、調べれば済む種類の問題とは異なる問いを指しています。たとえば、「現在、沖縄の那覇市では雨が降っているか」とか、「日本にはこれまでとは異なった恐竜の化石が発見されるか」といった問題は、その事実を確定することが難しかろうが簡単であろうが、哲学の問題ではないように思われます。

答えはひとつではない

小学校で哲学対話の授業をするときに、「皆さん、哲学って言葉を知っていますか」と聞くと、案外、言葉としては知っている生徒さんが多いものです。「じゃ、どんなものか知っていますか」とさらに聞くと、「答えが出ない問題を考えること」という返事をする生徒さんが結構います。いえ、すべての哲学的問題に解答がないわけではありません。しかし哲学的問題には簡単に答えが出ないものが多いことは確かです。「正義とは何か」「どうすれば道徳的に正しい判断ができるのか」「人間は何でも認識できるのか」「無限は実在しているのか」「美しさは人間の心のなかにあるものなのか」「心は脳と同じものだろうか」などといった問いは典型的な哲学の問いですが、何世紀もの間、たくさんの人が取り組んでもなかなかみんなが納得する答えが見つかりません。

　では、なぜ、簡単に答えが出ないのでしょうか。いろいろな理由があると思います。ひとつは問題自身が誤って設定されている場合です。「北極の北には何があるのか」というのは、解答の出るはずのない誤って設定された問題です。「なぜ、この世には何もないのではなく、何かがあるのか」とか「人生に意味はあるのか」もそれと同じく誤って設定された問題であって、正しい問題のかたちへと設定し直されるべきだという意見もあります。そうでないという意見もあります。いずれにせよ、誤って設定された問題には答えが出ません。これを見つけるのも哲学の仕事です。

　とはいえ、哲学的な問題で答えが出ないのは、多くの場合、人によっていろいろな意見があり、理由を聞いてもそれぞれの立場にそれぞれ一理あるから、なのではないでしょうか。学校でこども哲学を実践したときにも、そのように答える生徒がたくさんいました。たとえば、「正義」とか「道徳的」とか「人生」とか「心」といった概念について考えてみてください。この言葉そのものが何を意味しているのか、みんなの意見を一致させることがまず難しいでしょう。

経験が「考える力」になる

ところで、私たちは日々いろいろな経験をしています。日常生活では同じことを繰り返していることも多く、そんなときには漫然と時間が過ぎていき、記憶にもあまり残りません。ですが、私たちは新しいことを経験することがあります。これまでの経験では見たこともないことや、ハッとする経験をします。そもそも経験するとは、言葉の意味からして、外に出ていくこと、移動すること、探索すること、試すことを言います。言い換えれば、それは異なったものや新しいものとの出会いを意味しています。英語のexperienceも同じような意味です。したがって、経験とは、異なったものや新しいものに出会って驚くことだと言ってもよいでしょう。

私たちは、こうした経験をしたときに考えさせられます。驚いた後に、「どうしてだろう」「なぜだろう」と不思議に思い、そこから逆に「いままで自分が当たり前だと思っていたことは何だったのだろう」「これまでの自分は何だったのだろう」と反省的に考えるようになります。経験は本質的にひとつの問いとして私たちに立ち現れ、私たちはその問いに答えようとして考えるのです。したがって、**考えるとは、一見すると独立して無関係に思われるふたつ以上のものに関係性をつけること、あるいは、関係性を見つけることに他なりません。**

新しい経験をすると、いつもの当たり前に思えた風景も、突然によそよそしいものに見えたりします。外国で挨拶の仕方がまったく違うことを経験すると、「あんなやり方が挨拶になるのか」と驚くと同時に、「では、挨拶って何だろう」「いままで自分がやってきた挨拶も、どうしてそんなやり方をするのか分からなくなった」と考えざるを得なくなるのです。つまり、経験と一緒に問いが向こうからやってくるのです。**新しい経験をすることは、同時に、自分が当たり前に思ってきたことを新しい関連のもとに置いて、異なった意味を与えることです。**風変わりな国に旅行してから故郷に戻ってくると、身近な自宅の風景も風変わりな場所に見えてくるものです。こうして自分の慣れ親しんだ場所から外に出ていき、以前いた場所と今いる場所のふたつの地点を結びつけることから考えることは生まれるのです。

経験と経験をつなげよう

哲学とは、いろいろな経験を何とか結び合わせようとする思考そのものです。哲学は、考えるという動詞を名詞化したものだと言われますが、それはもっともだと思います。多様な経験を結び合わせることは簡単にはいきません。どこか関連しているけれども、正確にはどう関連づけたらよいのかが分からない場合もしばしばです。たとえば、晴眼者の私が、夜遅く、電灯も暗い夜道を歩いていたとします。そこに、白杖を持って歩いている人が後ろから私を追い越していきました。白杖を持っているのですから、視覚障害がある方なのでしょう。しかし、この夜道では、その人の方がスタスタ、素早く道を歩いています。私の方はといえば、段差に足をとられて転びそうです。真っ暗な夜道では、晴眼者の方に障害があるのです。この新しい経験は、私に「障害とは何だ」と考えさせます。「障害のある人」と私はこれまで気軽に呼んできましたが、どんな場合に、何に、障害を感じるものなのか、本当のところ私は分かっていなかったのです。そして状況次第では、私も障害を被ってしまうのです。「障害者とは誰のことなのだろう」、私は考えるようになります。**新しい経験は、私に考えさせる謎を問いかけてきます**。おそらく、その白杖を持った人と話す機会を持てれば、さらにこのテーマについて深く考えることができるはずです。

人の話から刺激を受ける

私は個人としていろいろな経験をしますが、他の人たちは私が経験したことのないさまざまなことを経験しています。他人の経験を知る重要な方法は、他人と対話することです。他人との会話のなかには軽い挨拶のようなどうでもよい会話もありますが、親しくなるにつれて人はいろいろな経験や考え方を話してくれます。ここで言う会話とは、背後にいかなる目的も隠されていない話し合いのことを言います。相手を誘導したり操ろうと試みたり、あるいは、相手に命令したり指図したりするのは会話とは言えません。何か特定の目的を持った話をするときには、私たちは話の聞き手を行為の対象として見ていて、自分と同等の人間として遇していません。会話は、会話そのものを目的として行うのです。

その会話のなかには、自分にとって新しかったり、思ってもみなかったりする話もあります。そうした会話は対話へと発展していきます。対話は、ただの会話とは違います。**対話とは、驚きから始まり、探求と思考によって進む会話のことです。**「何でそれが辛かったの」「どうしてそのときそう考えたの」「何でそんな振る舞いをしたの」といったように相手の経験やそれに関係する振る舞いや考え方に驚いて、私たちは問いを発します。そして、相手のことを理解して、自分とどう違うのかを明確にしようとして話を続けます。他人の経験は、自分にとって考える材料の宝庫です。

たとえば、以下の対話は、「人は死んだらどうなるか」をテーマにした中学一年生の対話です。

T（教師）　死ぬのが怖いという人は手を挙げてみてください。（半分強の生徒が手を挙げる。）じゃあちょっとひとりずつ聞いてみようかな。死ぬのが怖いっていう人はちょっと詳しく理由を教えてください。

S（生徒）1　これから先自分がそもそもどうなるのか分からないし、なんか普通に歩いていて人がひかれてほんとにぽっくりいっちゃうかもしれないし、病院とかでちゃんと治療受けていてあと何か月みたいな話になってそれから考えるのも怖い……本当にこの先自分がどうなるのか分からないのが怖い。

T　なるほどなるほど。いまの考えに似ているって人いたら手を挙げてください。（全員手を挙げない。）

T　あ、ちょっと違うんだね。じゃちょっと聞いてみましょうか。どうですか。

S2　私が考える怖いっていうのは、生きているうちに仲良かった人にもう会えないってこと。天国なら死んだ人がいっぱいいるはずだからもしかしたら天国で会えるかもしれないけど。

T　なるほど。だから別れるのが怖いってことだよね。その先がどうなるかっていう怖さと別れる怖さがあるっていうことだよね。

S3　生きているなら会える可能性があるっていうけど、それでもまた会えないっていうのが一番嫌なんじゃないの。だから、死んだらもう会えないじゃないですか。だけど生きてれば会えるのに会えないっていう方が嫌じゃない。

T　うーん。だからほかの人が死ぬのは悲しかったり怖かったりする。けど自分が死ぬのは怖くない。怖くないで発言した人でもうちょっと別の発言ある人いますか。「無」になるってやっぱり怖いですか。怖くないですか。

S4　「無」は怖い。

T　「無」が怖いのはなぜなの。

S5　なんか「無」って実体がないから怖いし、それに自分がなるって考えたときにどういうふうな体験か、よく分かんない。

S6　「無」って怖いって思っていても、もし自分が「無」になったとしたら、何も考えとかがないんだから考えることそのものができない。

S7　でもいままで当たり前のようにできていたことができなくなるのは怖いんじゃないの。

S8　死んだら、できなくなるってそういう概念もないんじゃないの。

S9　だったら死んだ人にしか分からないってことじゃない。

S10　あのね、俺が言いたいのはね、「無」って本当に何もないってことなの。ここには部屋があるじゃないですか。部屋は見える。だけどここに「無」があるとしたって、そんなの誰にも見えるわけがないじゃない。

S11　え〜と、「無」があるんじゃなくて、人が死んだら「無」っていうところにいくとかそういうんじゃなくて、えっと命が途絶えるんだからそこで終わりなんじゃないんですか。だから、人が死んだら何もないところにいくんじゃなくて、どこにもいかないでそこで終わり。埋葬されて終わり。

T　あぁ、なるほどね。死ぬのが無である。無とは何にもないことだと考えるんだね。

(二〇一二年秋、埼玉県の中学校にて)

この議論は、「死が怖いのは、どうなるか分からないからだ」という発言に始まり、「人に会えなくなるから怖い」といった発言を経由して、死と無に関する議論へと進展していきます。(すべての発言が異なった生徒から出ていることにも注目してください。)最初の発言は、死の怖さを未知のものへの恐怖と考えていますが、その後に同じ趣旨の「死とは無になることで、無とはどのような経験であるか分からないから怖い」という発言が出ます。知らないものは怖いという考えです。これに対して、「無は存在しない。だから、自分も死んだらなくなる」という発言が何人かから出ます。しかし、一見すると同じような主張をしている生徒10と生徒11の発言の微妙な違いに注目してください。生徒10が、「無は見えない」と述べて、ある意味で無を実体化したのを受けて、すぐに生徒11は、無とは生の単なる否定、すなわち、実体ではないことを指摘しています。ここから、死んだときには、人間には経験も考えもなく、ただ存在がなくなるのだという趣旨の発言がなされます。「人が死んだら何もないところにいくんじゃなくて、どこにもいかないでそこで終わり」と述べる生徒11は、天国や死後の生は、いわば無の実体化からくる誤った帰結だと言いたいのです。

前半の「別れが怖い」という議論と後半の「無」の議論は、一見すると連続していないように見えますが、そうではありません。「自分が死ぬのは怖くないけど、人が死ぬのは怖い。別れを経験するから」という最初の発言は、死ぬのが無であり、存在の否定であるゆえに、その否定を経験できるのは生きている側だという発言です。この発言があるからこそ、後の無をテーマとする議論が生まれてきたのです。別れとは、会っていた人がいなくなるというまさしく否定の経験だからです。

このようにこどもたちは、互いの発言に刺激を受け、より深い考えを展開していきます。この会話を掘り下げていくと、何か（来世、天国など）を経験することになる死と、生の否定形としての死という考えの対立が出てくるのです。ひとりのときは生まれなかったアイデアが対話を通して生まれてきます。

古代ギリシャでは、「アゴラ」と呼ばれる市場であり広場であるような場所で討論が行われ、ギリシャの哲学は、公開の場所での問答から始まりました。プラトンの著作には当時の対話がいきいきと描写されています。そこで論じられていたのは、正義、自由、友愛、平等といったすべての市民に共通の、しかし個人の内奥にも関わるような問題です。人びとは会食し、酒を飲みながら、政治の原則や正義のあり方について論じました。哲学とは、本来、市民の自由な対話から生まれた知的探求なのです。仏教でも儒教でもインド哲学でも問答が大切でした。対話とは、他者に触発されて生じる思考のやりとりであり、古来から普通の人びとの間で重視されてきたのです。

対話をすれば、考えられる

こども哲学は対話によって思考を深める活動です。みなさんが哲学と聞いて思い浮かべるかつてのアカデミズムにおける哲学のイメージと、こども哲学が実現している対話の哲学とを対比すると四一ページのような表になるかもしれません。

三人寄れば文殊の知恵とは哲学対話にこそ当てはまります。哲学対話の第一人者であるルー・マリノフ（Lou Marinoff, ニューヨーク市立大学）は、哲学史に詳しくない一般市民を一〇人ほど集め、「友情」というテーマで哲学対話を四時間行ったそうです。その議論の結果出てきた友情の定義は、古今東西のどの著名な哲学者の定義よりも精妙で奥行きのあるものだったそうです。これは、哲学対話を実践したことのある人なら、誰でもが納得する逸話です。

「ひとりの人間」として考えられる

ここまで、思考と対話の本質的な関係について述べました。思考はそれまでとは異なったものや新しいものに出会う驚きの経験から生まれます。他者との出会いは、そうした経験のなかでもとくに重要なものです。思考については心理学においても研究されていますが、そこでも、思考とは対話をひとりで行うこと、言い換えれば、内面化した対話だと主張する人がたくさんいます。私は、それはかなり正しい意見だと考えています。

対話にもいろいろな種類がありますが、一般の対話と哲学の対話にはどのような違いがあるのでしょうか。哲学の対話の特徴とは、ひとりの人間として対話することにあると思います。

人間は、いろいろな条件と状況を背負って生きています。ある人は、誰かの娘であり、誰かの姉であり、母親であり、友人であり、隣人です。その人はどこかの学校を卒業しているでしょうし、現在は、一定の仕事に就いていて、その仕事のなかでの地位や立場があります。どこかの地域に住んでいて、そこの地域の集団に属しています。私たちは、それらの自分の役割や

アカデミズムの哲学と比較した、
こども哲学の特徴

こども哲学		アカデミズムの哲学
哲学は過程	⇔	哲学は知識の体系
哲学は問うこと	⇔	哲学は学説を知ること
哲学はみんなのもの	⇔	哲学は少数の知識人のもの
哲学のテーマは具体的な生活のなかに	⇔	哲学のテーマは抽象的な理論のなかに
いろいろな人と対話する	⇔	本を読んでひとりで考える
自分独自の哲学を生きる	⇔	先人と同じ考えに到達する

立場に立ちながら対話をすることがあります。保護者という立場から、先生たちと対話をすることもあるでしょうし、職場の一員として、同僚や上司や部下と製品の開発について議論を戦わせることもあるでしょう。（私は、「議論」をある程度、論理的に組み立てられた発言のやり取りと定義することにします。議論は対話の一種です。）

しかし哲学の対話は、誰がどんな職業に就いていて、どんな家族を持っているかなど、いちいち聞きません。広場に集まった人なら誰でもが話す権利を持つのです。それは、現実的に個々の人間を規定しているさまざまな立場や属性はさておいて、ひとりの人間として他の人間に向かって話しかけ、一緒に真理を追究することだと言えましょう。

ひとりの人間として向き合うときに、男か女か、年配か若者か、どんな職業か、どれだけお金持ちかなど関係ありません。発言したことが、真理を探求する活動に貢献するかどうかが問題なのです。もちろん、私たちは、個人としての特性、たとえば、男性であるとか、会社員であるとか、特定の宗教を信じているとかいった特性を完全に忘れ去って発言することはできませんし、そうする必要もありません。哲学対話では自分の立場から語って構わないのです。しかし対話においては、他の人の発言に理があると思えば受け入れなければなりませんし、自分の主張にどのような根拠があるかを語らなければなりません。**この「理」や「根拠」は、特定の立場や役割や前提に立たなければ理解できないようなものであってはならないのです。**相手に理解されるような理由や根拠で語らなければならないのです。これが人間として相手と対話し、考えるということの意味です。

　こどもどうしで哲学対話をするときにも、こどもと大人が哲学対話をするときにも、ひとりの人間として真理を探求する活動に参加します。これは、こどもにとってよりも、むしろ大人にとって難しいことです。**哲学の対話に、大人もこどももありません。**

　実際に行ってみて、大人のなかには、自分の社会的地位や立場を離れて他者と向き合うことが難しくなってしまっている人がいるのではないかと強く感じます。すこし批判されただけでも感情的に反発してみたり、自分が正しいと信じていることに疑問を挟まれると黙りこくってみたり、自分が間違ってしまうことで体面が失われると思って発言することに強い恐れを抱く人がたくさんいます。人格が固くて脆くなっている人が多いのです。人の話を聞くことは、最終的に賛成するかどうかはともかく、慣れない場所を訪問するようなものです。大人は経験する力や学ぶ力が衰えていて、聞くことができなくなっているからかもしれません。とくに現在の自分の立場や居場所から離れて暮らしたことのない人にとってはなおさらです。哲学はこどもにこそ向いているという人がいます。私はその意見に完全に賛成ではありませんが、少なくともこどもは大人よりも「外に出る」気持ちを豊かに持っていると言えるかもしれません。こどもは、大人よりもひとりの人間として振る舞うことが容易なのかもしれません。

2 自分の言葉を持とう

こどもは対話を面白がる

これまで述べてきたように、こども哲学とは、こどもとともに行う対話型の哲学的探求です。でも一体、なぜ、こどもに哲学なのでしょうか。どうして、それが世界中で広まりつつあるのでしょうか。

こどもに哲学を教育することが重要であるのは、いくつも理由があります。現在の世界の状況が、そうした教育を求めているということでもありますし、こども自身が求めているということでもあります。このふたつの理由、外的理由と内的理由とは絡み合っています。

筆者自身をふくめて、世界の多くの人がこども哲学を推奨するのは、まず何よりも、それがこどもにとっても、大人にとっても楽しい知的活動だからです。学校で生徒さんたちにこどもの哲学をやってもらうと、たしかに個々のこどもによってテーマの好き嫌いはあっても、総じてたいへんに好評です。授業後の感想としては、「楽しい」「考えさせられた」「またやりたい」という回答がほとんどを占めます。これは他の教科科目ではなかなか見られないことです。でも、これは不思議なことではまったくありません。小さなこどもと接したことのある人は、こどもたちの疑問や質問がいかに哲学的で、どれほど根本的であるかを知っていらっしゃると思います。つまり、楽しさという点で、大人もこどもも、こども哲学を求めていると言えるでしょう。

好奇心とつなげよう

では、なぜ、こども哲学は楽しいのでしょうか。ひとつには哲学的なテーマの面白さがあります。ふたつには対話することそのものの面白さです。このふたつは両方とも、現代社会では強く求められていながら、なかなか得られないものなのではないでしょうか。

哲学的なテーマは深い謎を問いかけ、知的探求を誘いかけます。ちょっと答えが出そうにないなと直感的には分かりながらも、それでもなお考えにふけってしまうようなテーマが哲学のテーマです。それは人間の根源的な好奇心に根ざしています。好奇心と言ってしまうと軽い感じがしてしまうかもしれませんが、驚きこそが思考を生み出すことを考えるならば、かえって好奇心という気持ちを軽んじてはいけません。あるいは、哲学のテーマには、社会的な問題や道徳的な問題も含まれます。私たちは、何かをきっかけにして、社会のあり方や人びとの振る舞い方、世間のルールが理不尽で納得いかないものに思えてくることがあります。いわゆる社会の矛盾を感じるという状態です。私たちは、こういうテーマについて他の人はどう考えているのかを知りたいと思うものです。

いずれにせよ、**どこまでも考えたくなるようなテーマとは、それだけ異質であったり、新奇であったり、矛盾に見えるような経験や意見からやってきます。**大げさに言えば、哲学的テーマを考えたくなるときとは、私たちの日常の世界の見慣れた場所に目もくらむような亀裂が穿たれていたり、意味不明の謎の物体がそこかしこに置かれていたりするような感じがするときです。その謎は、周囲の物事すべてに関連し、自分の生活全体に絡んでいるように思われます。その謎は、ときには、よくできた推理小説や将棋の名人戦のように知的な意味でスリリングであるし、ときには、人命や世界の平和がかかっているように思われる深刻な問題であったりします。どちらにせよ解かなければ、いてもたってもいられない感じがするのです。

「考える」ことを促す

しかし私たちの多くは、こうした謎にたくさん遭遇しながら、考えたり探求したりすることをやめてしまいます。すぐに答えが出ないから考えても無駄だ。あまりにいろいろなものと関係していて、頭の整理がつかない。今の自分の勉強や仕事とは直接関係ないので、そんなことを考えている暇がない。人生全体や社会全体に関わることを考えても、自分の力ではどうしようもない。こう思って私たちは、日々の習慣に満ちた生活に戻っていきます。せっかく新しい出会いと驚きがあったのに、それについて考えるのをやめて、見慣れた日常の作業のなかでそれらを忘れようとします。

　考えることは、異なったものどうしを関連させることだと先ほど述べましたが、あまりに大きく異なったものに接すると、私たちはその驚きと謎とに引きつけられると同時に、それらから身を引いてしまいがちです。簡単に結びつけられやすい、もともと関連が見つけやすい容易な問題へと戻ってしまいがちです。こうして私たちは、自分の生きている世界をつながりのない断片に分けてしまいます。自分を小さくしていくのです。**自分の生活を世界の他の部分とは**

関係ない小さな一隅へと閉じ込めてしまうと、ある意味においては生きるのが簡単になりますが、他方で、自分の人生の意味を見出しにくくなります。意味とは関連性のことで、断片化するということは関連性を失っていくことだからです。思考の本質が関連づけることにあるとすれば、それは何かを意味づける活動でもあります。考えるのをやめるということは、物事の関連づけを放棄して、その意味を考えなくなることです。

　現代社会に生きる私たちは日々の活動に追われ、自分の人生、社会のあり方、人間の生き方についてじっくり考える時間を失っています。こどもたちにも同じことが言えます。こどもたちも、学校や塾などに忙しくしています。こどもたちの人間関係は大人と同じほど複雑で、こどもたちはその調停に多くの労力をさいています。ですから、深くて大きな問題について友だちと一緒に話し合うなどという時間は与えられていません。学校でもそうなのです。そうして、大人もこどもも、断片化した生活を素早くこなして生きていくのですが、あるとき突然に、自分の生活が全体として無意味に思えて、呆然とするのです。

どんなテーマでも考え、話せる方法

　しかし今日、本当にきちんと考えなければならないテーマはたくさんあります。未来のこと、環境のこと、家族のこと、社会のこと、自分のこと、死ぬこと、科学のこと、政治のこと、お金のこと、美しいこと、そして、みんなが幸せになるにはどうしたらよいか、ということ。こうした問題は、学問の分類としてはひとつの学問の枠に収まらない問題です。環境問題は、科学的な自然環境学とか生態学とかだけの問題ではありません。そこには自然と人間とのつきあいすべてが含まれるのですから、文学や倫理学や芸術も関係しますし、環境保護をどうするかは政治、経済、法のすべてが関係します。

また、哲学の問題は人間みんなに関わるのであって、特定の社会の特定の人たちだけに関係する問題ではありません。環境問題は、環境学者と環境行政者が関われば済む問題ではありません。環境をどうするかをひとりひとりが考え、行動しなければならないからです。たとえば、それぞれの家庭で無駄な電気を消すことで、CO_2などの温室効果ガスを削減することができます。先ほど「哲学とは人間として考えることだ」と言いましたが、それはこうした意味なのです。哲学対話とは、自分が普段疑問に思っていてもなかなか答えが見つからなくて、ほかの人と話してみる機会を持ちたいなと思っている大切な問題について、みんなで集まって論じあうことができるのです。

知識や経験だけでは答えられない問いはたくさんある

こども哲学が楽しいふたつ目の理由は、対話することそのものの面白さにあります。ところで、対話とは何でしょうか。なぜ、面白いのでしょうか。

私たちは日々、会話しています。対話とは特別な会話です。思考と真理への探求を含んだ会話のことを対話といいます。私たちは、ある目的を達成する手段について論じることはしばしばです。この製品をうまく宣伝するにはどうしたらよいか。この大学に入るには、どのような勉強をすればよいか。こうしたことについて人と話し合うことは日常生活にあふれています。よりよい手段として何があるかを決めるには、知識や経験がたよりになります。どのような宣伝方法があり、それがどの程度有効であるかを見つけるには、宣伝や広告についての知識がものをいうでしょうし、そうした仕事を続けていくうちに身につけた経験も役に立ちます。

しかし、対話は、知識や経験だけではできません。そもそも、私たちは、日々の活動の持つ究極的な目的や価値について話し合う機会は、あまり多くはないのではないでしょうか。いえ、そんな話はほとんどしたことがない人も多いはずです。たとえば、「その商品を販売する最終的な目的とは何か、私たちは何のために働いているのか」と問われると、それに答えるには宣伝や広告についての知識は何の役にも立ちません。企業の目的というならば、営利の追求という解答が最初からある。こう考えた人は、ご自分の勤めている会社の定款をご覧になってください。普通、「コレコレの社会貢献を通して利益を上げる」と書いてあるのではないでしょうか。では、その「社会貢献」とは何でしょうか。貢献すべき「社会」とは何でしょう。「貢献」とは何でしょう。こうした価値や目的についての問いは、知識やこれまでの経験だけでは答えられないのです。探求とは定まった目的地を目指すことではありません。**理にかなった議論によって導かれるままに、新しい場所に向かって冒険をすることです**。学校教育でこういう知的冒険が獲得できるのであれば、創造性に富んだ人間が育つのではないでしょうか。

他人と違っていい「自分だけの」意見

対話が面白い理由のひとつは、**議論の優劣が知識の量で決まってしまうのではない**ことが挙げられます。対話には誰でもがひとりの人間として参加できます。そこで求められているのは、専門的な知識ではなく、自分の観点に立ちながらも、理にかなった議論をすることです。そして、みんなで問題を考えていきます。いろいろな物事に関連を見つけていきます。私はこれまでのさまざまな学校での哲学対話の経験から、普段は目立たない生徒さんたちがとても鋭く洞察力のある発言をするのを繰り返し見てきました。そこでこどもたちは、友だちの普段とは違った姿に触れることになります。

普段の授業ではこどもたちは唯一の正解を求められています。しかし哲学対話では、自分の考えを率直に述べることが求められています。よって、多様な意見が発言され、新しい考え方が披露されます。むしろ、人と違った意見を述べること、これまでとは異なった考えを思いつくことが歓迎されます。なぜなら、哲学対話では、私たちの思考を誘い、促すような意見こそが大切だからです。思考を誘うものとは、繰り返すように、これまでとは異なった新しいものです。異なった意見を聞くことは、自分の思考を誘発する経験となります。それをこれまでの自分の意見と関連づけようとするからです。

哲学対話では、**人と同じ「正解」でなく、人とは違った考えが求められています**。もちろん、無理矢理に人と異なることを言う必要はありませんが、人間はそれぞれが自分の文脈のなかで物事を理解して考えている限り、素直に発言すれば自ずと違いが出てきます。とくに発言の文脈やニュアンスの違いに注目すれば、ひとつとして同じ考えはないと言えるほどです。これは、先生が期待した通りの正解が求められるこれまでの学校の授業とは大きく異なるものです。私が行ってきた哲学対話の授業の感想で一番多いのは、「いろいろな意見が出て楽しかった」「自分と異なる意見が聞けてよかった」「友だちがそんな考えをしているとは思わなかった」「友だちの意外な素顔が見られた気がする」といった意見です。人は多様性や差異を求めています。人間が何から何まで同じであったら、それぞれの個人が存在している価値は見つけにくくなるでしょう。私たちは大量生産品を手荒に扱い、ひとつしかない美術品を貴重に扱いますが、それは美術品には個性があるからです。美術品は、作者の生命が持っている個性の発現です。それは、人間の顔のように同じものはひとつとしてありません。

ひとりではない、誰かと生きていく力になる

また、**対話はただの意見交換とは異なります**。対話は、同じテーマについて異なった意見を関連づけていくことにあります。人がそれぞれ意見を出しても、その相手の意見について何も質問や意見を返すことがなく、「あなたはそういう意見なんだ、ふ〜ん」という感じで受け流されているだけなら、対話とは呼べません。ただ自分の意見を話しただけで、互いに何も関連づけられていないからです。発言者も聞く人も何も考えていないし、一緒に何かの謎を探求してもいません。対話とは、相手の意見によって思考が触発されることであり、一緒に同じ問題を探求し、いわば議論という冒険にみんなで出かけるということです。相手がどういう理由で自分と異なった意見を持つのか、その意見はどういう経験に裏打ちされているのか、自分の意

見と他人の意見がどういう点で同じで、どういう点で異なり、どういう関係にあるのか、こうしたことを理解しようとしなければ、対話とは言えません。

以上のように、自分の個性を押し出すことができること、したがって、自己表現できること。だが同時に、他の人たちと協同して同じテーマの探求に取り組み、一緒に真理を求める旅に出ること。自己表現と共同作業が同時にできること。これが対話の面白い理由です。

3 多様な友だちと話せるようにしよう

どんな人とでも話せるようになりたい

ところで、哲学対話はコミュニケーションの一種です。現代の日本では、コミュニケーション能力が以前よりもはるかに強く求められていると言われます。ですが、そのコミュニケーション能力とはそもそもどのようなものであり、なぜ、いま求められているのでしょうか。

まずコミュニケーションの能力が求められている理由は、現代社会では、人びとを権威によって統制することができず、人びとをまとめるのにも理由に基づいた説明と説得が必要とされるようになったからだと考えられます。たとえば、筆者が小学生だった時代には、学位を持っている小学校の先生は高学歴の人たちでしたし、当時の保護者たちは教員の権威を無条件に認める傾向があったと思います。しかし現在の小学校では、親の世代の半数以上が高等教育を受け、教育に関する知識や情報も豊富です。教員の権威が無条件に認められることはなくなりました。教員の教育方法やこどもへの接し方について根拠づけなしに同意されたり、是認されたりするわけではありません。

権威とは、人びとに自発的な追認や服従を促す関係性のことです。かつては血縁地縁における年長者、高い社会階級の人びと、宗教や文化の権威者が、権威を持つことができました。しかしこうした人びとの持つ権威は、文脈が共有されている狭い範囲の人間関係でしか通用しません。宗教が異なれば宗教的権威は一切通用しませんし、他の場所からやってきた人には血縁からくる上下関係などは恣意的なものにしか映りません。現代社会では、さまざまな人が、さまざまな場所から、さまざまな背景と歴史を担って集まってきます。そこは、自由が認められ、人生の選択が各人にまかされ、人びとはさらに多様な生活を形成していく社会です。

私たちは互いに異なるがゆえに、戸惑い、ときに対立しあうことがあります。それでも、私たちは多様な人びととともに、共同の社会を形成していかなければなりません。ひとつの社会のなかで同じ資源を利用し、いろいろな活動に協同して取りかからねばなりません。自分が他の人とともに社会の一員であるのだと感じられなければ、心理的に疎外感が生じて、その社会に貢献しようという気持ちが起きないでしょう。

現代では、権威の根拠は、人びとが合意した（あるいは約束した）という事実以外に求められません。そして、人びとが合意するためには、納得できる合理的な根拠が必要ですし、その根拠は人びととの議論によって検証されなければなりません。さらに、自分の存在と発言、貢献が社会で認知され、自分がその社会の欠かせない一員なのだと実感できる必要があります。自分も社会の合意形成に参加したのだといった意識がなければ、どのような合意も守る気にならないでしょう。

現代で求められているコミュニケーション能力とは、伝統的な権威関係が通用しない社会においても人びとを結集させることのできる人間交流の力です。国際化した企業では、従来からの日本の慣習だからただ従えと言っても誰もついてきませんし、上司からの命令だと権力をちらつかせれば人は離れていきます。なぜこうするのか、どうすればよいのか、について従業員の間で合意を形成する以外にないのです。そして、議論に参加してもらうことによって、従業員に企業への参加意識を持ってもらうのでない限り、組織をまとめることなどできません。人びとと議論して何かを検討していく能力、創造的に問題を解決していく能力、そして誰もが自分は社会の一員だと感じられるような人間関係を作り出す能力が、現代社会で「必要とされるコミュニケーション能力」と呼ばれているものなのではないでしょうか。

社会の変化に追いついていく

ここまで読み進められた読者は、現代社会が哲学対話を要請していることに気づかれたのではないかと思います。さまざまな人びとが集まる社会は、異なったものや新しいものの経験に満ちています。そこでは、自分のそれまでの思い込みが揺さぶられ、思考が触発されます。人びとと話し合いたいという欲求が強まります。そこで出てくる根本的な問題について論じなければ、人はまとまることなどできません。かりにそこでの議論で大きな考え方の違いが明らかになっても、対話は人を結束させます。哲学がそもそも広場や市場での公開の討論であったことを思い出しましょう。現代社会はその全体がそうした多様な人びとが出会う場所になっているのです。そこで求められているコミュニケーション能力とは、哲学対話をする能力なのです。それは、**一定の社会的立場や役割を超えて、特定の目的を持たず、裸の人間として相手と向かい合う態度をとれる力**のことなのです。

多種多様な人びとが集まってともに生きていく社会を「多元的共生社会」と呼ぶそうです。ここで「多元的」というのは、他の地域や国から来た人たちがたくさんいることだけを指しているのではありません。自由な社会では人びとは以前よりもはるかに多様な活動に従事するようになり、さまざまなライフスタイルと価値観を持つようになります。移民や他の地域からの移住者は、そのひとつの種類に過ぎません。そこでは、高齢者、障害者、疾病患者、女性、性的マイノリティなど少数派に属する人びとが抱えている社会的諸問題も顕在化してきます。

こうした社会では、教育のあり方も大きく変わっていかざるを得ません。多元的な社会では、どのような教育が行われるべきかを問うたものとして、『パリ20区、僕たちのクラス』というフランス映画をご紹介したいと思います。

荒れている学校も立ち直る

二〇〇八年の第六一回カンヌ国際映画祭でパルムドール（最高賞）を獲得しています。この作品は、フランソワ・ベゴドーという教師経験を持つ作家の『教室へ』（秋山研吉訳、早川書房、二〇〇八年、原題『塀のなか（Entre les murs）』）という原作を、ローラン・カンテ監督が映画化したものです。ドキュメントではありませんから映画に出てくる生徒たちはすべて役者ですが、すばらしい演技を見せてくれていて、主演となる教師役を原作者のベゴドー本人が演じていることもあって、とてもリアルな出来になっています。

ベゴドーは当初はナントという地方で高校教師をしていますが、移民の多いパリ一九区（映画では二〇区の設定）の中学にフランス語（国語）の新任教師として赴任してきます。クラスの半数ほどが、アフリカ系、アラブ系、スラブ系、アジア系の移民のこどもです。映画はこのクラスの実際の授業風景を淡々と描写したものです。劇的なストーリー展開も、感動的な幕切れもありませんが、まごうことなき傑作です。

主人公の教師が着任したクラスは、最初から学級崩壊といってよい状態で、生徒は学習意欲に欠け、私語が多く、むやみに反抗的で、教師が何か言うと揚げ足を取り、授業はつねに妨害されます。日本でいうと中学二、三年生であるにもかかわらず、フランス語動詞の語尾変化を書くことができない生徒もいます。教師は最初、生徒たちに文法を覚えさせようとしますが、生徒はまったくやる気を見せません。接続法半過去というフランス語の文語など、金持ち風の話し方だと言って見向きもしようとしません。ベゴドーは、当初、かなり高圧的な態度で生徒に立ち向かっていきます。ですが、徐々に生徒の背後に、複雑な家庭環境、家庭の教育力の不足、貧困などがあることが見えてきます。最終的には、教室にはフランス社会における移民受け入れの問題が反映していることが理解されます。

映画を見た人は、最初は、演技とはいえ生徒たちの無気力で不真面目な態度に立腹するかもしれません。映画のなかでも完全に生徒に激高してしまう先生が出てきます。しかし考えてみてください。フランス語の動詞の語尾変化は、発音と対応しておらず、純粋に書き言葉としてだけ使うものです。字の書けない庶民と自分たちを区別するために、エリートがこうした書記法を考えたのではないかと揶揄されるほどです。移民の親たちのなかにはフランス語が書けない人もいるでしょう。実際、こどもたちは映画のなかで、「親は語尾変化など書けないけど、生活に困ったことなどない」と発言します。移民のなかにはそもそも文字のない社会から来た人たちもいます。そうした移民の子としてフランスに生まれたときに、フランスの伝統文化をどの程度、尊重する気になるでしょうか。映画のなかでは、教師が「ビルは風味のある食事をとる」といった例文を書くと、アフリカ系とアラブ系の生徒が「なぜ、いつも〝ビル〟とかいう白人の名前ばかりなんですか」とくってかかります。自分たちのような移民の女性名は例文にすら挙がらず、社会から無視されているという抗議です。

　生徒の立場から見たとき、文学や歴史にせよ、自分たちとも自分の祖先とも関係のないフランスの貴族や騎士、昔の政治家たちの話です。それを覚えて何になるのでしょうか。そうした教育は支配者たちを讃えることに他ならず、必然的に自分と自分の祖先たちを卑しめることになるのではないでしょうか。そのうえ、移民たちがフランス語を話せて、フランスに働きにきたのは、フランスがそれらのアフリカやアラブやアジアの国々を植民地化したからです。植民地支配を行ったうえで、いまだに表に裏に自分たちを差別している人間の文化を受け入れる必要など、どこにあるのでしょうか。こどもたちは不公平と不平等に非常に敏感です。生徒たちの反抗的な態度と無気力の裏には、こうした歴史的・政治的な文脈があるのです。

そこでベゴドーは、フランス語の時間に文法を覚えさせることをやめ、『アンネの日記』を読ませた後に、自分の性格や生活を述べた自己紹介文を書かせることにします。『アンネの日記』とは、ご存じのように、ユダヤ系ドイツ人の少女アンネ・フランクが、第二次世界大戦中にナチスから逃れるためにアムステルダムの隠れ家に潜んだ生活を描写した日記です。アンネはこの教室の生徒たちと同じような年齢ですが、密告によって捕まり、最終的に強制収容所で亡くなります。

クラスの生徒は、当初は自己開示することが怖く、書くことを拒否する者もいます。しかし、徐々に自分のことを書くようになり、自分の好きなもの嫌いなものを表現していきます。最初は簡略だった記述もだんだん詳しくなり、感情が吐露されるようになり、家族の問題が語られます。写真や絵などいろいろな表現を使いながら自己紹介は豊かになっていきます。さまざまな事件があって簡単にはクラスは落ち着きませんが、一年後にはそれぞれの生徒の自己紹介は一冊の本のような厚さになります。その厚みに比例するかのように、ベゴドーは生徒たちの信頼を得て、クラスには一種の連帯感が生まれています。

自己表現の重要性と言ってしまうと、この教師の行った授業の斬新さをあまりに軽く扱ってしまうように感じます。ここでの自己表現とは、他者と社会に向けて自分の存在を表現し、その存在を認めさせる活動です。自分が何者であるか、自分がどのような状態にあるかを、他者や社会に向かって表現することは、単なる個人の告白ではありません。それは、社会において自分に割り当てられた状態を表明し、他者にそのことを認知させることです。自己表現とは、社会構造の表現でもあるのです。ちょうど『アンネの日記』がそうであったようにです。（もちろん彼女はそれを自分で公にすることなどできませんでした。日記を発表したのは家族で戦後まで唯一生き残った父親でした。）

「人を理解する」ことは難しい

『パリ20区、僕たちのクラス』にとてもよく似た『フリーダム・ライターズ』（リチャード・ラグラベネーズ監督・脚本、二〇〇七年公開）というアメリカ映画があります。これは、アメリカでベストセラーとなった、実話を基にしたノンフィクション作品を映画にしたものです。やはり人種的・文化的にさまざまな生徒たちが集まっている高校が舞台ですが、生徒が置かれている状況は、『パリ20区』よりもさらに荒んでいます。

その高校はギャングが支配するスラムのなかにあり、生徒たちには学習意欲はまったくなく、態度は非常に冷淡で反抗的です。ここでも教師や大人に対する生徒たちの不信感はきわめて深いものがあります。教師たちの側も教育をほぼ放棄しています。この映画の主人公である新米教師も、英語（国語）の教師で、最初は古典作品を教えようとして途方に暮れます。

そして、主人公の新米教師は、ベゴドーと同じく、生徒を生まれ変わらせる打開策を「自分の声で語ること」に見出すのです。自分の日記帳に、自分の日常生活や考え、感情、詩など何でもいいから毎日書くように言います。そして点数は付けず、先生にしっかり読んでほしいときには特別の戸棚に入れるという約束にします。戸棚に入っている日記には、あまりにきびしくつらい日常生活と苦しい胸の内が綴られてきます。日記帳を通して教師は生徒を理解します。また生徒たちも教員に信頼を寄せるようになり、荒れた生活から脱するきっかけをつかんでいきます。

面白いことに、ここでもその自己表現のきっかけとして『アンネの日記』が登場します。最後に生徒たちは、自分たちで費用を稼ぎ出し、実際にアンネ・フランクをかくまっていたヒース夫人を講演者として招聘し、人生の重要なヒントを彼女から聞き出します。クラスは結束し、生徒たちは社会への信頼を回復します。

不信感や疎外感を受け止める

このふたつの映画で描かれた学校は、人種的・文化的にとても多様です。こうした多様性はフランスやアメリカだけのものであり、日本とは関係ないのでしょうか。そうではありません。私の知る限り、東京都や神奈川県の一部の地域では、まさしく映画と同じほど民族的・文化的に多様になっています。そこでは、両親ともに日本人であるのが少数派であるような学校がいくつもあります。「いや、映画で描かれているのは大都市の話であり、同質性の高い日本の地方の現実とは遠い」、こう言えるでしょうか。

ふたつの映画に出てくる生徒たちの問題の根底にあるのは、社会に対する不信感と社会からの疎外感です。多様性それ自体が問題なのではありません。さまざまな差別や貧しさから来る不信感と疎外感、閉塞感、そこから生じる他者と社会への無関心こそが問題なのです。現在、日本の都市に住んでいる人たちもかつては日本の他の地方からの「移民」だったのではないでしょうか。その「移民」たちが抱えていた不信感と疎外感は、すでにきれいに解消されているでしょうか。それとも、「移民」たちはいまだに公共的な空間のなかに自分を認めてくれる居場所を見つけられず、見知らぬ他者や社会の出来事には傍観者として無関心な態度をとっているのでしょうか。

地方ではどうでしょうか。地方には一体感があり、社会のなかに蔓延する不信感や疎外感、閉塞感から無縁なのでしょうか。そうとは思えません。同質的と言われる多くの地域はひどい過疎化に苦しんでいます。さまざまな人たちを受け入れずして、今後ともその地域が存続するでしょうか。現代社会において、真の対話なくして地域が成り立つでしょうか。私たちは、対話によって地域のなかに本当の連帯性を生み出した実践を知っています。たとえば、桑子敏雄の「談義」による社会的合意形成の試みは、そうした活動の代表例でしょう（桑子、二〇〇五年）。

関係のなかった人と関係を作り上げていく

ふたつの映画が教えてくれることは、現代の私たちは共同体を所与のものとみなすことはもはやできないということです。文化や価値を同じくする共同体が存在しているという前提に立って物事を進めることはできないのです。現代社会では、共通の文化的価値を習得させることで人びとをまとめあげることは困難です。多様な人びとが集まる社会では、共通の文化的価値とは何かを規定することが難しいというだけではありません。映画のなかで明らかになったように、マジョリティの文化にそもそも学ぶべき価値があるかどうかさえ問題になってしまうからです。学ぶべき価値がないとこどもが暗に思っていることを、習得させることなどできません。動詞の変化形さえ学ぶことが疑問視されるような状況で、どのような文化を共通の教養として学ぶように指示できるでしょうか。

現代社会でこどもが学ぶべきことは、文化的価値を共有していない人びととでもコミュニケーションをして、共生できる社会を協働して構築していく力です。大切なことは、人と人とのつながりをすでに自分が持っているもののなかに探すのではなく、それまで関係のなかった人と人との間に関係を作り上げていく能力なのです。つまり、共同体を最初から作り上げていく力なのです。こうした能力の育成こそが、現代社会において求められているコミュニケーション教育なのではないでしょうか。そしてそれは同時に、社会を構築するシチズンシップ教育でもあるのです。

社会の一員であることを自覚する

東西冷戦が終了した八〇年代中頃から、先進国ではどこでも政治的な無関心が広まってきました。先進国では選挙の投票率が落ちる傾向にあり、政治・社会に対して失望し、人任せにするアパシー状態が広まっています。日本ではどの国と比較してもこの傾向は非常に顕著で、とりわけ若者は社会への参画意識を失って久しいと言えるでしょう。このままでは民主主義が危機に瀕してしまうかもしれません。そこで、こどもたちには、シチズンシップ教育が必要だと主張されています。シチズンシップ教育とは、民主主義社会に必要とされる市民としての振る舞いを身につけ、政治を担う主権者として必要な権利と義務を理解してもらうための教育です。

市民に必要な資質と徳目とは、たとえば、真実を述べて行う勇気、遵法精神、独立心、寛容で開かれた精神、労働意欲、経済や科学技術の変化に対応する能力、他者の権利を尊重する能力、理に適った要求をすること、公職者の振る舞いを評価する能力、公共的な討論に積極的に参加することなどが挙げられます。シチズンシップ教育は、八〇年代後半から急速に注目されるようになりました。

私は、人間が相互に尊重しあえる民主主義社会を維持するには、いま挙げたような徳目が必要であるとは思います。ですが、これらの徳目の根幹をなすもの、シチズンシップのなかで第一に必要とされる態度とは何でしょうか。それは、明らかに、人びとが自ら社会への参加意識を持つことのはずです。この参加意識がなければ遵法精神も労働意欲も、そもそも持とうとは思わないからです。

映画に出てくる生徒たちは、自分が社会から疎外されていると感じてむやみに反抗的で冷笑的になっていました。こうした状態では、社会に対して責任ある参加の仕方をしないでしょう。

他方で、社会の運営はエリートに任せておけばよいと考え、自分は権威や権力にただ追従し、多数に同調して生きている人びともいます。しかし、こうした人たちは「臣民」と呼ぶのにふさわしい人たちであって、社会に参加している市民ではありません。後者のタイプは前者よりもおとなしいかもしれませんが、前者と同じほど民主主義社会の破壊者です。したがって、シチズンシップ教育は、第一に、社会への参加意識を促すものでなくてはならないはずです。

自分の声で語ることから

社会への参加意識を高めるために教育はまず何をすべきかは、ふたつの映画が示しているように思えます。すなわち、人びとに向けて、社会に向けて自分の声で語ること、そして、人びとと社会の側がその表現を受け止めることです。逆説的に見えるかもしれませんが、**社会参加という公共性を育てるのに第一に必要なことは、自己を表現することを学ぶことであると同時に、人の声を聞く態度を学ぶことなのです。**他の言い方をするならば、自分の必要性を公共的な場所で表明し、それを誰にとってもの課題へと開いていく過程を学ぶことであり、同時に、他者のそれを心から受け入れることなのです。ふたつの映画では、もっとも教育が難しいとされる生徒たちが心を開き、クラスに関係性が回復され、社会に目が向いていく過程が描き出されています。そこでは、自己表現こそが社会参加を育むという逆説が、見事に示されています。ここで忘れてはならないさらに重要な点は、生徒たちが自分の声で語ったことを受け止めた教師がいたという点です。二人の新任教師は、それまでの教師が与えることがなかった自己表現の機会を作り、真のコミュニケーションを生徒とともに作り出していったのです。シチズンシップ教育は、社会参加・政治参加を促そうという教育です。これが成り立つには、社会の方にも、こどもの声や若者の声を受け止めようとする姿勢が必要です。参加するためには、すでにその存在が受け入れられ、許され、認められている必要があるのです。

この教師たちの教育法は画期的です。ですが、私には、この自己表現の先に、さらなる展開があってよいのではないかと思っています。それが哲学対話です。

現在、私たちこども哲学を実践している日本のグループは、ハワイイ大学のトマス・ジャクソン教授と親しく交流をしています。ジャクソン教授は、こども哲学の分野では著名な実践家です。八〇年代半ばに小学校で哲学教育を試み始め、現在では、ホノルルを中心として初等・中等教育のさまざまな教室のなかに導入することに成功しています。

ホノルル小学校では、「こども哲学」という名前の科目がありますし、私が訪問したカイルア高校やアイエア中学校では、英語、歴史など通常の科目のなかに哲学対話の要素を取り入れています。さらに、ホノルル小学校では、「哲学的思考は、自分の目標を追求し、世界をポジティブに変化させるための準備となる」という理念を掲げ、学校に常駐の哲学者をふたり置いています。彼らは、補助教員として哲学対話のクラスに参加したり、他の先生たちにアドバイスをしたりしています。そのうちのひとりチャド・ミラー氏は、ジャクソン教授のお弟子さんなのですが、ハワイイ州の「二〇一二年ティーチャー・オブ・ザ・イヤー」を受賞しました。カイルア高校の入り口に掲げられた教育ヴィジョンには、「カイルア高校の生徒は、自分の目的を追求し、世界に価値ある変化をもたらすために、注意深い、哲学的思考をする人間になります」と書いてあります。

なぜ、ハワイイでこれだけこども哲学が定着したのでしょうか。ご存じのように、ハワイイはとても多文化的な場所です。さまざまなエスニック集団の間で貧富の差や緊張が高まる地域もあり、そうした地域の学校は一時期、校内暴力が頻繁に起こるような荒れた学校となったそうです。ジャクソン教授は、そこにこども哲学の授業を導入し、現実の問題を真剣に対話することで状態はかなり改善されていったといいます。荒れた生徒たちにとって第一に必要なのは、自分たちが抱えている問題に真剣に耳を傾けて、自分たちの存在を認知してくれるような集団だからです。

耳を傾ける姿勢を作る

日本では、大阪大学を拠点としてこども哲学を展開している本間直樹と高橋綾が、興味深い報告をしています（本間・高橋、二〇一二）。それによれば、ある小学校で「ぼくたちはみんな平等か」というテーマで哲学対話の授業を行ったときに、その最初の授業では、「お金持ちとびんぼうな人がいるから平等でない」という意見に対して、「人は誰でも努力すればお金持ちになるのではないか」などの反論があったといいます。最後に、感想シートを書かせると、ある生徒が「その反論に対して怒りを覚えた。自分の家は母子家庭で、お母さんが頑張っても、お金持ちになれない。ご飯もお腹いっぱい食べられない」と綴ってきたといいます。次の時間は、普段はあまり発言しないその子が、「お金持ちとびんぼうな人がいるから平等でない」という意見を擁護する役割をかって出たといいます。本間たちは、「本当に答えたいですか。言いたくないことは言わなくてよいのですよ」と繰り返し確認したそうですが、本人はやはり発言したいとのことでした。そして次の授業では、その生徒は、自分の家のことは一切口に出さずに、また怒り出すこともなく、「個人の頑張りだけでは抜け出せない貧しさがある」という意見を一貫して主張し、他のこどもたちへの反論にも応じたといいます。

これは、こどもなりのレベルで、自分の状況と必要性をクラスの議論へと開いていった事例だと言えるのですが、こうした自己表現ができるには、人の意見に耳を傾ける生徒たちがクラスに必要です。そして、この生徒の力強い発言を通して、他の生徒たちは貧困に関する理解を深めたことでしょう。おそらく、「哲学対話」という名前こそ使われていないとしても、ジャクソン教授と似たやり方で荒れたクラスを立ち直らせてきた事例は、日本にもいくつもあるはずです。

どんな言葉で話してもいい

後に詳しく論じますが、哲学対話でもっとも重視しなければならないのは、セイフティ（安心）です。セイフティとは、自分の意見を言うことに躊躇を覚えずにすむ状態のことです。こどもたちが「無視されるのではないか」「真面目に聞いてくれないのではないか」「間違うのではないか」「馬鹿にされるのではないか」「否定されるのではないか」と感じることなく、**自由に発言し、気楽に質問や反論ができる雰囲気を作り出していくこと**。これが哲学対話をするときにファシリテーターである教師が行うべき最大の仕事です。ファシリテーターとは、対話の進行を取り持つ司会役であると同時に、教えるのではなく、対話と思考を深めていくための促進者としての役割をいいます。先に挙げた映画の二人の教師は、あの困難な地域のなかでセイフティな空間を作っていったのです。

私は、あのふたつの映画に、ジャクソン教授の行っている哲学対話との深い共通性を感じました。両者の根は同じところにあると思いました。ですが、哲学対話は自己表現を超えて、さらに参加者を共同の知的な探求に誘い込みます。**哲学対話は、自分の言葉で語れるセイフティを維持しながら、グループに共通のテーマについて哲学的に探求していく活動なのです。**

世界でも広がる対話の授業

ユネスコは、これまで述べてきたような哲学対話の効果に注目しています。一九九五年には、「哲学のためのパリ宣言（The Paris Declaration for Philosophy、以下、「パリ宣言」と呼ぶ）」、二〇〇五年には「哲学についてのユネスコ間域戦略（UNESCO Intersectoral Strategy on Philosophy）」が打ち出され、こども哲学はユネスコによって世界的に奨励されています。とくに中等教育レベル、および、大学レベルでの哲学教育を推進し、包括的なカリキュラム開発を行うよう各国政府に対して政策勧告されています。各地域で哲学教育に関する数百ページの分厚い報告書も出されています。

アジアでも哲学教育の潮流は高まっています。ユネスコは、二〇一〇年、「哲学教育について一連の地域ハイレベル会議」を開催しました。アジア太平洋地域会議では、参加者は哲学教育の個別的諸目標をアクションプランに含めることを決定しました。こども哲学は、アメリカやヨーロッパ、南アフリカ、イスラエル、いくつかのアジアの国では、中学校・高校のみならず小学校や幼稚園・保育園でさえ実践されています。

パリ宣言の内容を少し詳しく見てみましょう。まず、哲学が扱う諸問題が人の生や存在についての普遍的な問題であることが確認されています。そして、哲学が学ばれるべき理由として、第一に、「哲学的討論は市民の判断力を鍛えることができ、そして市民の判断力は、民主主義の基礎である」ことが挙げられます。後述しますが、判断力は人間の生活にとってもっとも重要な能力であり、教育においてもその育成にもっとも注意が向けられるべき能力に思われます。

判断とは、たとえば、「この科学的報告は真実かどうか」（真偽判断）、「この企業の行動は道徳的に正しいかどうか」（道徳判断）、「この政策は障害者にとってどれほど有益なものだろうか」（価値判断）、「この芸術はどれほどの価値があるのか」（美的判断）、「この地域でどの程度の規模の地震が起こるだろうか」（蓋然性判断）、「この計画は実行可能だろうか」（可能性判断）、などのようにある物事に一定の真偽、正不正、価値反価値を割り当てていくことです。ここまで述べてきたように、いくら知識があっても、判断力が育てられていなければ、実際には何の役にも立ちませんし、行動にも結びつきません。市民の判断力は、政治的・経済的・文化的な共同生活をするにあたってもっとも重視されるべき能力です。哲学対話はこの能力を向上させます。

哲学が学ばれるべき第二の理由は、哲学教育は現代世界の諸々の大きな問題、とくに倫理の領域における諸問題に関して市民各人が責任を負うことを教えるからとされています。哲学教育は、判断力を育てることによって、市民の自立心を鍛え、さまざまな形をとるプロパガンダに抵抗できる思慮深い人間を形成できるとパリ宣言は指摘しています。私たち人は、どの社会にも政治的力や経済的な力、文化的権威の影響に晒されています。それらの権力や権威を持つ人たちの狙いは、彼らに優位に働く見解を私たちに無反省に身につけさせることです。哲学教育によって、それらの見解を無自覚に受け入れることを避け、批判的に考えることができるようになります。つまり、哲学教育は、シチズンシップ教育に資することができるのです。

ただし、哲学を学ぶことは、ある人たちにとっては、こどもたちを「より悪い市民」にするものに思えるかもしれません。というのも、哲学では、現状の法律や制度、政治を批判的に熟考するようになるからです。そして、自分自身の考え方を持つようになり、服従や順応を好まなくなります。哲学は人びとを、社会への参加意識の高い、よりよい市民にすると言っていいように思いますが、参加意識の高い思慮深い市民を好まず、従順であるばかりの愚かで気の弱い臣民を好む人もいることでしょう。人間を自分の思い通りに支配したい人びとは、哲学教育を嫌うことでしょう。ソクラテスが、アテネの一部の人びとから嫌われたようにです。パリ宣言のなかでは、哲学にはある種のカウンセリング効果があることが認められています。しかし、そのカウンセリングとは、ただ自分の心を抑制し、現行の社会に適応することを求めるものではなく、問題の真のありかを明らかにして、それに集団や社会として対処していこうとするものなのです。

パリ宣言においてもっとも注目すべきは、「哲学する権利」が宣言されていることです。

> すべての個々人は、どんな形であっても、また世界中のどこにいても、哲学を自由に学ぶために自分の時間を費やす権利を有するのでなければならない。現在、哲学が教授されているところでは、哲学教育は維持され、あるいは伸張されなければならない。また、現在、哲学が教授されていないところでは、哲学教育が導入され、かつその教育は明確に「哲学」として企画されなければならない。哲学教育は、資格を持ち、専門的トレーニングを受けた教師によって教授されるものでなければならず、かつその教育は、経済的、技術的、宗教的、政治的あるいはイデオロギー的動機によって制約されてはならない。哲学教育はこのように自律的なものであらねばならないが、その一方で、その教育は他のあらゆる諸分野の学術的あるいは専門的トレーニングと可能な限り連携されたものでなければならない。
>
> （日本哲学会第七〇回大会のワークショップ資料より）

なぜ哲学を学ぶことは権利なのでしょうか。もちろん、こどもは普遍的人権として学ぶ権利を有しています。ですが、さらにそこに哲学教育の重要性が強調されるのはなぜなのでしょうか。ユネスコのアジア太平洋地域ハイレベル会議では、哲学が教育されるべき根拠について議論されましたが、そこでは、「哲学は、社会的発展の方向、目的そして目標について、民衆が考える機会を持つことを可能ならしめる、その役割が与えられている」と指摘されています。

人間の生活、とくにいまだ民主主義の発展が不十分であるような地域では、経済的、技術的、宗教的、政治的、イデオロギー的動機によって人の思考力と判断力は拘束されています。ハイレベル会議で、「哲学は、社会のあらゆる局面に対する反省に寄与しうる」と主張されるのは、哲学が、自己のあり方や社会のあり方を問い直す知のあり方を有しているからです。

いかに科学や技術が進歩しても、この役割は科学や技術には担当できません。というのも、科学や技術は、宗教的、政治的、イデオロギー的動機と両立することが可能であり、それらによって支配されてしまうことさえあるからです。私たちは、かつて日本のカルト宗教集団が、科学技術の知識を駆使して、恐ろしいテロリズムを引き起こしたことを憶えています。優秀な大学で物理学や医学や法学を学んだ若者たちが、ゆがんだ世界観と迷信、誇大な支配欲のとりこになったのです。先に挙げた映画の両方で『アンネの日記』が取り上げられたのは、当時の多くの大人が荷担したナチズムの狂信性と欺瞞に対して、少女であるアンネの鋭く冷めた批判精神がはっきりと対照をなしていたからでしょう。哲学する権利とは、それら宗教的、政治的、イデオロギー的動機から距離を取り、自由に思考し、発言し、対話する権利なのです。

このことは、「哲学についてのユネスコ間域戦略」の第二章「教育における哲学」で以下のように明確に宣言されています。

> 哲学を教えることは、自由な市民を涵養することに寄与する。それは、自分自身で判断すること、あらゆる種類の議論と向かい合うこと、他人が語ることを尊重すること、そして理性の権威にのみ従属すること、を促すものである。言い換えれば、これは基本的権利に関する実践的な訓練なのであり、本来の思考の自由、独断や疑問に付されることのない〝先人の知恵〟からの自由を個々人が確立するものである。それはまた、人間が自らの状況に関して判断する能力を育てるものでもある。このことはある行動をするかしないかを評価し、吟味し、選択する可能性とも不可避的に結びついている。（前同）

先のふたつの映画が示した教育の大きな可能性を、哲学対話はさらに展開します。対話を通して判断力を育成し、批判的な思考のできる自律的で自由な市民を形成しようとするのです。

4 世界中のこどもたちと話せる力をつけよう

社会のあらゆる問題を考える

哲学する権利は、こどもだけのものではありません。それはすべての自由を愛する大人にとっての権利でもあります。哲学対話は、現在、世界のさまざまな場所と分野で興隆しつつある活動です。そうした活動の一環としてこども哲学があると言っても過言ではないほどです。

対話による哲学を総称して、「哲学プラクティス」と呼ぶことがあります。ギリシャ時代や市民革命期において哲学とは、市民どうしの対話による自由な知的探求を意味していました。

しかしその後、哲学が大学制度の科目に組み込まれるにつれて、文献読解を中心とする学問となっていきます。二〇世紀以降では、哲学は、科学をライバル視して、さらに専門化し、講壇化が進みます。大学では、教員が一方的に話す講義と、書籍の読解が活動の中心となります。そうなると、他の分野と同じく、一般の人びとと専門家との間には乖離が生まれ、一般人のための哲学は「啓蒙的」とか「通俗的」と貶《おとし》めるようになりました。これは、哲学の専門家を自称する人のうぬぼれであり、緩慢に自らを滅ぼしていく態度に他なりません。

　こうした状況に対して、かつてソクラテスが行ったような対話としての哲学を復権させようとしたのが、ドイツの哲学者、レオナルド・ネルゾン（Leonard Nelson, 1882–1927）でした。彼は、一九二〇年代に、人びとの経験を記述し、それをもとにして徹底的にグループ討議をするネオ・ソクラティック・ダイアローグという活動を開始しました。この方法は、簡略化されたさまざまな形式を生みながら、現在でも引き継がれています。

　一九九〇年代には、マルク・ソーテ（Marc Sautet, 1947–1988）は哲学カフェという活動を開始しました。これは、カフェに集まった人びとが、軽く飲み食いをしながら哲学的テーマについて自由に語り合うというものです。哲学の専門家がある程度、講演して、話の方向性を作るタイプのものから、哲学の専門家はファシリテーター役に徹して、参加者が自分たちで対話を深めていくタイプのものまでさまざまな形があります。日本でも、この一〇年ほどでかなり普及定

哲学カフェは各地域、さまざまな分野で広がっている

着しており、日本各地で頻繁に開催されています。同趣旨のサイエンスカフェという活動もあります。サイエンスカフェとは、科学的なテーマについて、科学の専門家を招いて、その問題について双方向的に議論をするものです。

これ以外に重要な哲学プラクティスとして、「哲学カウンセリング（哲学コンサルティング）」が挙げられます。これは、一九八〇年代初頭にゲルト・アッヘンバッハがケルンの郊外に「哲学カウンセリング・センター」を開設して以来の哲学実践です。現在では、ルー・マリノフ（ニューヨーク市立大学）やピーター・B・ラービ（カナダ、フレーザーバレー大学）、ピーター・ハーテロー（ロッテルダム、エラスムス哲学実践研究所）といった人たちが、大学という場所を超えてこの分野を先導しています。

哲学カウンセリングは、個人、またはグループを対象としてさまざまな人生上のテーマについて議論を行う活動です。心理カウンセリングが精神疾患のある人たちを対象として治療を目的としているのに対して、哲学カウンセリングは一般の人びとを対象として、人生の問題について思考を深めること、問題解決の糸口を見つけることを目的にしています。また、企業などで会社の方針や倫理的問題、キャリアと人生の関係など重要な問題について哲学対話を行う活動も徐々に盛んになっています。

大人も一緒にやってみる

なぜ、哲学対話がこれほど盛んになっているのでしょうか。現代社会では、本来人びとが自分たちで決めるべきこと、考えるべきこと、実行すべきことを、専門家の専横から取り返そうとする運動が興隆しています。たとえば、従来の医療では、治療方針は医師が一方的に決定していました。それに対して現在は、情報と選択肢を与えられたうえで、患者自身が治療方針について自己決定できるようになりました。インフォームドコンセントという制度です。これは、市民の主体性（シチズンシップ）復権の活動だと言うことができるでしょう。哲学カフェが、福島や東北の被災地で頻繁に開かれているのも、市民が自分たちの未来について自律的に判断をしたい気持ちの表れです。

従来の哲学のあり方と比較すると、哲学対話とは、専門家である哲学研究者に占拠されてきた哲学という営みを、一般の人が取り戻していく活動だと言えるでしょう。いわば、哲学の民主化です。哲学の専門家と呼ばれる人たちは、狭い衒学的な関心から論文を書いては、それらを本物の哲学と称してきました。日本人には、緻密だとすばらしいと考えるマニア的な傾向の人がいますが、哲学ではそうした傾向は悪く働くこともあります。つまり、何のために緻密さを追求しているのかをすっかり忘却してしまうのです。哲学とは開けた知的活動であるはずなのに、一定の前提を共有している小さなグループにしか通じない議論をして、その前提自体は問おうともしない人もいます。特定の哲学者の著作を聖典のように不可侵と信じる、批判的思考とはおよそかけ離れたメンタリティの人たちさえいます。そして彼らは、専門家以外の人が「哲学者」と名乗ることを暗に禁じてきたのです。しかし、これらの専門家は哲学の精神からむしろ離れてしまっています。私も哲学の専門家としてのトレーニングを受けてきたひとりですが、こうしたアカデミズムの傾向には強い危機感を覚えずにはいられません。

哲学さえも専門家だけのものであるなら、一体、どの学問が、どの知が一般市民のものになると言うのでしょうか。あらゆる分野の専門家が並べば、それで私たちの世界はすばらしいものになるのでしょうか。私たち日本人は、専門家にすべてを任せることがいかに危険なことであるかを、東日本大震災とその後の原子力発電所の事故でいやというほど理解したのではないでしょうか。

私は、哲学研究の専門性を否定しているわけではありません。本来問われるべき大きな課題から専門性が切り離されていることが問題なのです。彼らは、根本的に異なったものや新しいものとの出会いを果たしておらず、その意味で深い思考をしていないのではないかとすら思います。哲学が人間の公的生活に関わる不可欠の知的活動であるとすれば、専門家はこの重要な活動を占有しただけでなく、つまらないものに変えてしまったのです。

こどもとの哲学対話はもちろん、哲学カフェ、ネオ・ソクラティック・ダイアローグでは、哲学史的な知識や権威に依存する議論は、一切、通用しません。**自分で論証せずに哲学上の権威に頼ることは許されない**からです。対話において人は、相互性のなかに巻き込まれ、根本的に対等な存在となります。専門家も、知識と権威の鎧を脱いで、ひとりの人間として自分の考えを述べ、他者と真正面から向かい合って対話しなければなりません。こども哲学は、こうした哲学の市民化のひとつの動きとして捉えるべきだと思います。こども哲学は、小さいけれども深い革命なのかもしれません。

一〇〇年積み重ねられてきた育て方

ここで話をこども哲学に戻して、こども哲学の世界的な動きをご紹介しましょう。

こどもとともに哲学する試みが始まったのは、一九二〇年代のドイツと言われています。ヘルマン・ノールやソクラテス対話を復活させたネルゾンによって、こどもとの対話型の哲学が試みられたのです。その後、こども哲学を大きく発展させたのが、マシュー・リップマンです。リップマンは、最初、コロンビア大学で通常の哲学を教えていたのですが、そこの大学生の思考力と反省力の弱さを感じていました。そして大学に入る前までの教育に問題があると考えたのです。そこで彼は、一九七四年、モンクレア州立大学に、「こどものための哲学推進研究所(IAPC : Institute for the Advancement of Philosophy for Children)」を設立し、こどもに対話型の哲学教育を行い、思考力を育てる教育に着手しました。この活動は、〝P4C(philosophy for children)〟とか、〝PWC(philosophy with children)〟と呼ばれ、リップマンの直接間接の影響のもとで、この四〇年間に世界中に広まってきました。今日、こども哲学と呼ばれているものの直接の起源は、ほとんど彼にあると言っても過言でないでしょう。リップマンが考案したP4Cの方法は、論理的思考の育成を中心としながら、意味の探求を目指した初等六年間、ないし小学校・中学校九年間のかなり体系的なカリキュラムです。とりわけ教員教育がかなり重要であり、全校的な取り組みが要請されます。

リップマンは、何冊かの重要な理論書を書くと同時に、たくさんの教材と教育指導書を出版してきました。そのなかで、『哲学、学校に通う』（テンプル大学出版、一九八八年）、『教育において思考すること』（ケンブリッジ大学出版、一九九一年初版）、アン・シャープとフレデリック・オスカニアンとの共著『教室での哲学』（テンプル大学出版、一九七七年）は重要な理論書です。こどものための哲学推進研究所からは、国語、理科、社会、道徳などの各教科と結びついた教材が出版されています。教員教育用のプログラムやサマーキャンプも企画されています。詳しくは、研究所のホームページをご覧になるとよいでしょう。

リップマンの関心の中心は、論理的推論や判断力の発展にあると言われています。しかし、彼の著作を読めば、彼の教育が単なる思考スキルの獲得を目指していたものではないことは明らかです。むしろ、思考というものが感情面も含めた人間どうしの全体的な交流に根ざしていることが繰り返し強調されています。彼の理論的な基盤は、ジョン・デューイの教育哲学やレフ・ヴィゴツキーの発達心理学にあります。この著作でふたりの思想を紹介するにはあまりに紙面が足りませんが、どちらも人間の発達を人間どうしの相互作用のなかで捉え、協同学習や対話を重んじた点で共通しています。一見すると知的発達における人間関係をあまり重視していないように思われるピアジェも（こども哲学の理論家からはピアジェはしばしば酷く批判されますが）、晩年は思考とは人間どうしのインタラクションをひとりで行うことだと主張しているのです。

したがって、思考とはコンピュータが行うような単なる情報処理であるよりも、本質的に政治的な活動であると考えた方が適切でしょう。思考が政治活動とは変に聞こえるかもしれません。しかし、政治とは、異なった意見や利害をまとめあげる作業です。思考とは、他者から発せられる多様な声を自分のなかに取り込み、そのあいだの対立や闘争やすれ違いを取り持ち、それらの声を交渉させ、調停し、まとめたり、和解させたりして関連づける活動です。この意味で思考は政治的活動なのです。

リップマンより少し遅く生まれながら、こども哲学の発展に寄与したのが、ガース・マシューズ（Gareth B. Matthews, 1929–2011）です。彼はギリシャ哲学の専門家であると同時に、こども時代にとっての哲学に関心を寄せました。邦訳された『子どもは小さな哲学者』（鈴木晶訳、新思索社、一九九六年）では、伝統的な哲学はこどもを排除しているが、これは一種の偏見であり、こどもは十分に哲学することができると主張されています。こどもと哲学することは、大人とこどものあいだにこれまで経験したことのない関係、すなわち、教える者が教えられる者に、保護する者が保護される者に優位に立つのではない関係が樹立されることだと、マシューズは指摘します。これは私の経験からもまったく正しいことだと思います。そして、こどもを対話者の範囲内に入れたときには、哲学はその枠組みの大きな組み直しを強いられるのではないかと、マシューズは問いかけるのです。先に述べたような衒学的で専門知識に依存した回りくどい哲学は、こどもたちとの率直な対話のなかでは通用しないからです。

育ってきている話す力のあるこどもたち

残念なことに、リップマンは二〇一〇年に、マシューズは二〇一一年にこの世を去りました。こども哲学を先導する世代が入れ替わりつつあります。しかし彼らの遺志は着実に後の世代に受け継がれています。一九八五年には、「世界こども哲学会（ICPIC：The International Council of Philosophical Inquiry with Children）」が設立され、二年に一度世界大会が開催されています。こども哲学は、アメリカとイギリスはもちろん、オーストリア、オーストラリア、ブラジル、メキシコ、スペイン、南アフリカ、イスラエル、台湾、韓国といった国で発展しています。

北米では、「探求の共同体北米学会（NAACI：North American Association for the Community of Inquiry）」、「哲学の学習と教育学会（PLATO：Philosophy Learning and Teaching Organization）」といった学会連絡会が組織されています。数年前の報告では、全米の約五〇〇〇校でこども哲学が実施されているとのことです。さらに北米では、こども哲学以外の分野でも、批判的思考を育てる教育方法がたいへんに発達しています。七〇年代以降、発達心理学者や認知科学者が思考力の成長について関心を持ち、批判的思考についての理論書や実践書、教科書が数えきれないほど出版されました。こども哲学のある側面は、この批判的思考の研究と教育によって継承され、実現されているとも言えるでしょう。しかしリップマンは、「批判的思考ブーム」は思考の教育として不十分であると考えていました。それは、思考を単純に獲得できるスキルのように考えられ、思考の創造的な側面や情動的な側面、そして何よりも、対話しながら共同で真理への探求を進める過程が十分に尊重されていないからです。批判的思考ブームは、こども哲学によってもっと深められなければならないと主張されています。

オーストラリアとニュージーランドは、こども哲学の盛んな地域で学会も存在します。タスマニア大学のティム・スプロッド（Tim Sprod）教授は、中学校・高校での教育経験も豊富で、対話を用いた理科教育や道徳教育の著作を発表しています。リオ・デ・ジャネイロ大学のワルター・コーハン（Walter Omar Kohan）教授は、郊外の貧困層が暮らす地域の公立学校において識字教育と哲学対話を学生とともに実践しています。こうした活動を通じて、大学での研究と社会における新しい関係、哲学教育と社会的・政治的アクションのあり方を模索しています。同じくメキシコでも、市民の社会的自律性を目指す活動と結びつけたこども哲学の教育がなされています。エウヘニオ・エチェベリア（Eugenio Echeverria）教授は、「こどものための哲学ラテンアメリカセンター（CELAFIN：Centro Latinoamericano de Filosofía para Niños）」を主宰しています。リップマンを祖としたこども哲学とは独立に、フランスでは確固とした独特の哲学教育の伝統があります。フランスでは高校最終学年で哲学が必修科目になり、徹底した哲学教育がなされます。文科系の生徒は週八時間、経済社会学系は週四時間、理科系は週三時間の受講が義務づけられます。また、フランスの大学入学資格試験であるバカロレアの問題は、語学などを除いてどれも哲学的と呼んでいいようなものです。たとえば、文系の科目では、「自由はさまざまな限界に従属しているのか」「人間の本性に不公正の起源を求めるべきか」「言語は道具に過ぎないのか」といったような設問が出され、四時間かけて解答します。ちょうど日本で言うと大学での文系科目の長い論述テストを思い出していただければ、バカロレアの設問と近いと思います。ただし分量は、Ａ４判用紙に四、五枚書かねばなりません。日本の大学入試科目の「倫理」とはだいぶ異なります。この哲学の試験を創設したのはナポレオンで、彼は、哲学を自由な市民教育の総仕上げとして捉えたのです。

バカロレアには見習うべき美点がありますし、フランスの大学生の論述力はすばらしいものです。ですがこの試験に準備するのに、場合によっては型にはまった受験勉強的な解答の仕方を身につけてしまうときもありますし、正確な引用を求められるためかなり暗記をしなければなりません。このように、フランスの哲学教育は読解と論述が中心で、かならずしも対話を重んじるものではありません。大学でも一方的な講義が多いのが現状です。

そのなかで、オスカー・ブルニフィエ（Oscar Brenifier）は、独自にソクラテス的な哲学対話の方法を開拓し、哲学プラクティスの拠点をフランスに確立しました。また、こども哲学も積極的に実践し、とりわけすばらしい絵本教材や国語教材を開発しました。彼は、現在、世界の哲学プラクティスとこども哲学を代表する実践家であり、世界各地で毎年、たくさんの講演やワークショップを主宰しています。ホームページでは、小学生や高校生を対象にした哲学対話の実践を見ることができます。彼の作った小学生用のテキストは、美しい挿絵が入った哲学的な問答の連続でできており、自問自答しながら、読み進めることができるような構成になっています。また、フランスには、ブリジット・ラベ（Brigitte Labbé）という実践家も一五年ほど前からこども哲学の活動を続けています。彼女もまた、すばらしい絵本教材を開発しています。ブルニフィエとラベの教材は多くが邦訳されています。これらの教材については後で説明します。

世界中で広がる、日本でも広がる

アジアでは、シンガポールにおいてすぐれた実践が行われています。たとえば、シンガポールの名門中等教育学校、ラッフルズ・インスティチューション（Raffles Institution）では、対話型の哲学教育を通して批判的思考力を養うプログラムが大きな成果をあげています。その対話を深める方法や技術、評価の仕方には、学ぶべきところがたくさんあります。台湾や韓国でも多くの教員がこども哲学を実践しています。韓国は、哲学コンサルテーションなどの哲学プラクティスが盛んな国でもあります。

こうして、現在では、北アメリカ、中央アメリカ、南アメリカ、ヨーロッパ、アジアを中心に、世界六〇か国を上回る国と地域でこども哲学が実践されています。ヨーロッパでは、ドイツやオランダ、オーストリア、スペインがリップマン型のこども哲学を展開し、毎年、教員養成のワークショップや講習会を盛んに行っています。もちろん、以上でごく簡単に紹介できたのは、一部の地域の一部の人びとの活動を、私の見知っている範囲で恣意的に取り上げたものに過ぎません。ですが、ここでは、討論を通しての哲学教育が、現在、急速な勢いで世界中に広まりつつあることを確認していただければ十分です。そして日本は、正直に言えば、こども哲学の分野では相当に後進地域です。教育学者も哲学者も心理学者も、長らくこの分野に無関心だったので、導入がかなり遅れてしまったのです。

しかし、私たちにはすぐれた先駆者がいたことも忘れてはなりません。たとえば、教育哲学者の林竹二（一九〇六〜一九八五、東北大学教育学部）は、全国各地の小学校を自ら回って、哲学的なテーマで対話形式の授業実践を行っていたのです（林・小野、一九八一）。林の考えでは、学問とは何かを記憶のなかに溜め込むことではなく、すべての既成のものを吟味することであり、その吟味は自分と他者を同時に吟味することです。問題を追いかけていくうちに問題によって追いかけられるような経験をするこどもは、自分のいままでの考えを捨てて、それを乗り越えていくといいます。そうした問答を通して、日常の卑俗で雑多な借り物の知識や受け答えが洗い流され、深いところにあるそのこどもの真実が浮かび上がってくると、林は言います。これはまさしくソクラテス的対話の本質だと言えるでしょう。林に限らず、日本には、こどもの思考と表現を発展させようとしてきたすばらしい実践者がいます。彼・彼女らの意思を哲学対話という形でさらに発展させることができるでしょう。

二〇〇〇年前後から大阪大学大学院臨床哲学研究室が、哲学対話やこども哲学の実践を開始しており、現在も積極的に活動しています。数年前から、私たちのグループも、立教大学や上智大学、東京大学教養学部を拠点にして、関東圏の小中高等学校の授業や課外活動、幼稚園・保育園児向けのボランティアの集まりのなかでこども哲学の実践の場を広げています。また、私たちの考えを理解してくださる小中高等学校の先生たちが、各教科の内容に合わせながら、授業の方法として哲学対話を取り込んでいます。日本哲学会では哲学教育に焦点を当てた委員会もできました。いくつかの学校では完全にカリキュラムの一部に哲学対話を入れています。日本でも今後の対話型哲学教育の発展が期待できます。

5 批判的に、創造的に、ケア的に考えよう

哲学対話は三つの思考力を育てる

ここまででこども哲学がもたらすものについてはお分かりになったと思いますが、それらをどのようなものとして見て、さらにはいかに鍛えていけばよいのかを考えるために、リップマンの理論を基にして検討しておきましょう。

リップマンは、哲学対話が育成する思考力を三つの側面に分けています。それは、**批判的思考**、**創造的思考**、**ケア的思考**です。リップマンは次に挙げるような図に表現しています（『教育

において思考すること』参照）。

この三つは、独立した三つの思考能力というのではなく、思考することの三つの側面、三つのあり方のように考えていただきたいと思います。この三つの思考の側面は、一応独立しながらも重なり合っており、その三つが集約する多元的思考こそがもっともすぐれた判断を生むのです。それぞれを説明していきましょう。

なぜ成績をつけるのだろう？

まず、教育の世界でもっともよく言及されるのは批判的思考ですが、これはどのようなものなのでしょうか。「批判的（critical）」とは、相手の主張を拒否する非難や否定とは異なります。批判的な思考とは、常識や既存の考え方も含めて情報を鵜呑みにすることをやめ、ある考え方の真偽や妥当性をあらためて検討してみる態度のことです。

批判的思考の役割は、ユネスコが指摘しているように、まず防衛的なものかもしれません。つまり、誰かが、私たちに自分で吟味する機会も与えずにただ信じ込ませたいと思うことがらを易々と受け入れてしまうことを避けるための役割です。ですが、批判的思考はこうした明らかに外からやってくるものから自分を護るだけではありません。私たちは誰しもが、自分が無

こども哲学が育成する
思考力の三つの側面

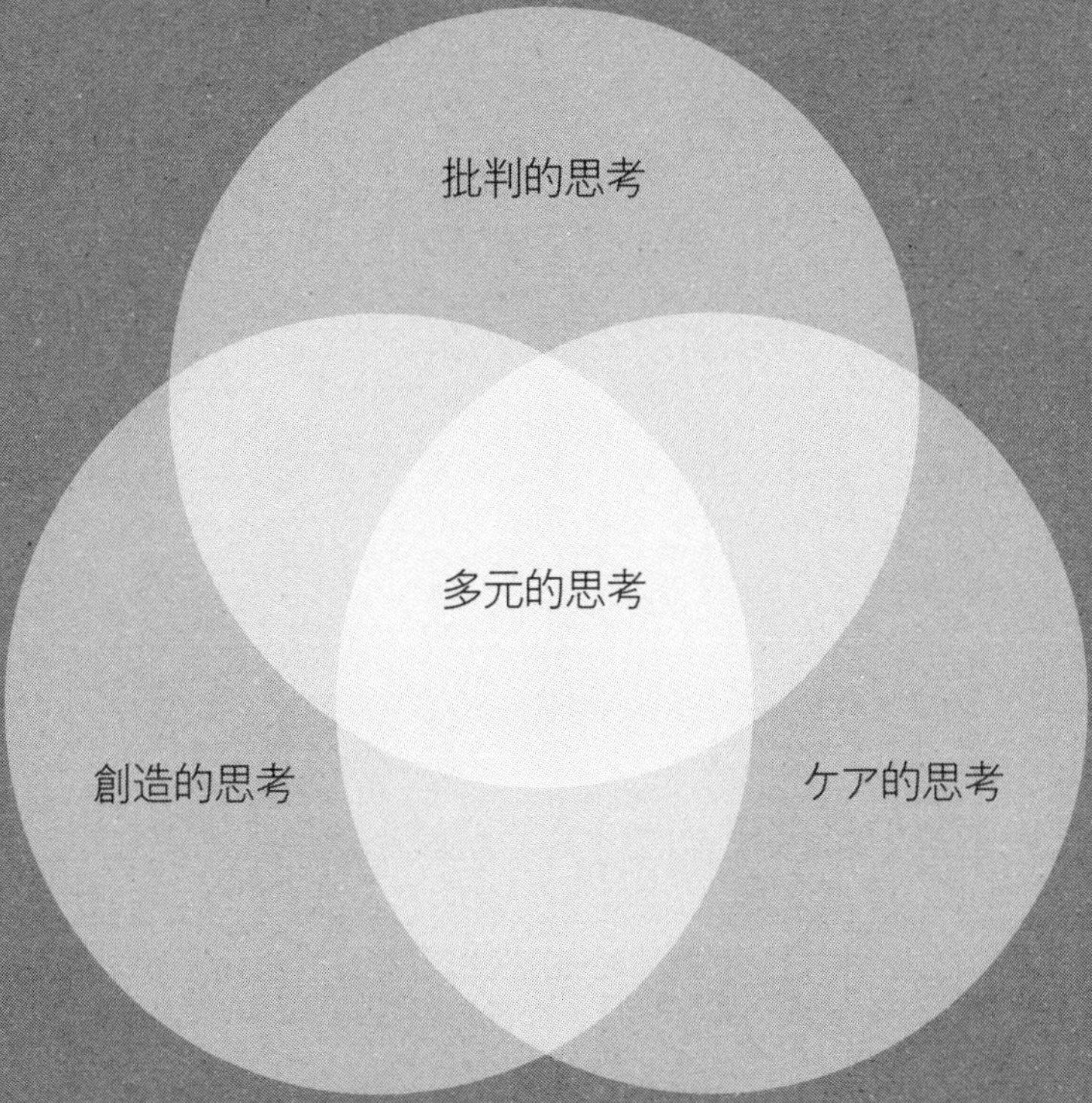

自覚のうちに信じ込んでしまい、暗黙のうちに自分の思考や行動の前提となってしまっているような「信念」や「思い込み」を持っています。こうした思い込みは、もとをたどると自分が生まれた家庭や地域における伝統的な政治的傾向や経済的地位、文化的権威に源があることがしばしばです。それは自分の一部となってしまっているために、非常に自覚することが難しい思い込みです。こうした自分の信念や思い込みを検討する機会を与えてくれるのが、自分とは大きく異なった他者の存在です。他者の問いかけは、自分の無自覚の信念や思い込みを露わにしてくれるからです。哲学対話では、**外部からくる情報を検討するだけではなく、自分の内側からくる考えについても検討することが求められる**のです。

その検討の結果、たとえば、従来の常識の正しさが理解されることもありますし、その逆の場合もあります。したがって、批判的思考とは、ひとつの判断だと言うことができます。先に見たユネスコの間域戦略では、「本来の思考の自由、独断や疑問に付されることのない〝先人の知恵〟からの自由」という表現が出てきましたが、これは無自覚に継承されている「知恵」を批判的に検討することを意味しているでしょう。

しかし、批判的思考が判断である限り、そこには判断のための基準が必要となります。その基準とは、理由あるいは根拠のことです。したがって、教育がこどものなかに育てるべきものは、斜に構えたその場限りの懐疑主義ではなく、不安定な現実のなかでも長期にわたって信じるにたる、十分な理由や根拠を持った信念体系を探求する能力であると考えるべきでしょう。
たとえば、「学校では、なぜ成績がつけられるのだろうか」という問いは批判的思考の始まりです。この批判的思考の始まりは、成績をつけない科目がある、あるいは、成績をつけない学校がある、という新しい経験からくるものかもしれません。いずれにせよ、学校で成績をつける理由が問われるわけです。したがって、**批判的思考とは、それまで理由や根拠を問うことのなかったものに、それらを求めていく姿勢**です。自分で同意できる理由や根拠が与えられたときに、問いは停止するでしょう。

もう少し先を考えてみまして、「なぜ成績をつけるのだろうか」という問いに対して、「成績がないとどれくらいできるようになったか分からないじゃないか」という答えが返ってきたとします。しかし、そもそも成績をつけない科目や学校があるとすれば、何のために成績はあるのだろう、と思うことでしょう。ここでは、いろいろな問いが思いつかれます。「では、成績をつけない学校は、誰もどれくらいできるようになったのか分からないのだろうか」「成績がないとどれくらいできるようになったかが分からないというのは本当だろうか」「その成績のつけ方で本当にできるようになったのか分かるのだろうか」「では、なぜ、成績をつけない学校があるのだろう」「できるようになるってどういうことだろう」「なぜ、その科目ができるようにならないといけないのだろう」といった具合にです。

質問者はいま挙げた問いのいくつかの答えを知りたいだけでしょうか。それとも、それらすべてに納得できる理由や根拠があるかどうかを確かめようとするでしょうか。たとえ、最初はいくつかの中心的問いがあったとしても、究極的にはさまざまな問いは相互に関連していることは明らかです。そして、本当に考えるべき問いとは、そもそも学校教育とはこどもの何を成長させ、その成長のためには、誰がどのような評価をすべきなのか、という問題であることに気づくでしょう。こうした深い問題に取り組み、それに答えていこうとすることが、批判的思考の最終的な目的です。むやみな懐疑主義は、批判的思考が進展すれば解消されるでしょう。

しかし、ここでリップマンは、批判的思考は文脈に敏感であることを指摘しています。物事の真偽や妥当性を判断するには、その物事がどういう文脈におかれていて、どういう背景を持っているかを考えねばならないからです。「なぜ成績をつけるのだろうか」という問いは、学校教育という文脈では重大な意味を持つことでしょう。だが他方、「なぜ、ボーリングのスコアをつけるのだろう」という問いを真面目に考える人は少ないでしょう。スコアをつけないボーリングなど、何をやっているのか分からないし、全然面白くないことは明らかでしょうから。「なぜ成績をつけるのか」という問いは文脈次第で、意義深かったり、意味のないものになったりします。リップマンは、批判的思考は、例外的な状況、偶然性、典型的ではない事例、などに配慮する思考であると言います。批判的思考とは、一般規則をむりやり個別の事例に押し付けるこじつけじみた思考であってはならず、文脈によって検討する内容を柔軟に変える思考であるべきなのです。

「分からなくなっていくこと」は褒められること

　次の創造的思考とは、新しいものを生み出す思考のことです。それは芸術作品の制作とも深く関係してくる思考方法です。創造的思考は、前例のないオリジナリティを生み出す能力であるのはもちろんですが、まったくのでたらめでもダメなのですから、合理性もなくてはなりません。それは、想像力に富み、実験的で、発明志向の思考です。創造的に考える人たちは、自分の頭で考えている人たちであり、大勢の人たちの考えに安易に同調しない独立心があります。創造的思考は、人を刺激し、人にも新しい考えを思いつかせます。

　批判的思考と創造的思考の違いは、後者が先進性を重んじる点にあると言えるでしょう。批判的思考は、確実だと思えるような知識に到達しようとします。たとえば、デカルトが疑うことのできるありとあらゆることを疑おうとしたのは、あらゆる知識の基礎になる確実な知に到達したかったからです。知識のなかで絶対に確実なものがあるはずだと信じる点において、デカルトは保守的です。一方、デューイは、知とは絶えざる改善であると主張しました。到着する最終地点などなく、私たちはつねに前進するしかないと考える点で、デューイの考え方は先進的です。批判的思考が創造的であるためには、何かを不審に思い、不確実に思う状態にとどまったままではいけません。これは浅い懐疑主義の段階です。創造的であるには、絶えず新しい不審と不確実性を求めなければならないのです。哲学対話において、どんどんと問いが深まって新たな段階に進んでいくのは、その対話が創造的である証しだと言えるでしょう。

従来の学校教育では、目を輝かせて「分かった！」と言えば、「よくできたね」と言われて褒められることでしょう。ですが、哲学では「いままで分かっているつもりだったのに、まるきり分からなくなった。理解していたはずのものが、どんどん分からなくなった」と顔を曇らせれば、「よくできなくなったね」と言われて褒められるのです。哲学とは、もっとできなくなっていくこと、もっと分からなくなっていくことかもしれません。あらゆる分野で、どんどん分からなくなっていくこと。それは、ある意味で、反‐教育なのかもしれません。

私たちは何かに疑問を持つと、それまで信じてきたことを一旦停止させます。世界は不確実なものに思えてきます。そこで、私たちの創造的思考は、不確実な状況を組み立て直し、問題に取り組むための手段となる仮説を立てて、それが正しいかどうかを確かめようとします。批判的思考が判断的、評価的であるとすれば、創造的思考は構築的です。しかし、**批判的思考は、何かをさらに進めよう、何かを生みだそうとする態度をとっているときにこそ、活発になるは**

ずです。真の批判は生産的であり、創造的であるのは、真の批判はこれまでにはない問題解決を目指すからです。先ほどの批判的思考の例では、「なぜ学校では成績をつけるのだろう」という問いが深まると、学校では何を教育すべきなのかという問いに到達することを見ました。これが、すぐれた教育目的とその方法の開発として展開するならば、批判的思考が創造的になっていく例だと考えられるでしょう。

どうやって気持ちを伝えよう？

最後のケア的思考とは何でしょうか。「ケア」とは、配慮する、気配りする、世話をする、面倒を見る、看護する、保護するといった意味であることはご承知の通りです。批判的思考や創造的思考という言葉は、教育の分野ではこれまでもしばしば使われてきましたが、「ケア的に考える」という表現はあまり聞いたことはないかもしれません。ケアは、思考の感情的な側面と関係しています。思考と感情とをまったく別のものとして、あるいは、真っ向から対立するものとして捉えている人がいますが、それは正しくありません。私たちは、思考を、推論や論理の方法、演繹法や帰納法など、形式や構造の問題だと考える傾向があります。しかし実際には、私たちの感情は、深く私たちの思考を形づくり、方向づけ、それに枠組みやバランス感覚、視点を与えているのです。

たとえば、私たちは自分のこどもをどう育てようかと考えます。その育児の仕方の方向性を創り出し、何をすべきかの選択やどう判断するかの視点を与えているのは、根本的にはそのこどもの成長を願う愛情であり、こどもを理解するための共感ではないでしょうか。そうした感情的基盤なしに、私たちはそのこどもの育て方についてどのようなことを思いつくでしょうか。あるいは、私たちは、社会的公平とは何かについて思考します。そのときに、自分たちの社会のなかで不公平に扱われ、貧しくみじめな思いをさせられている人びとへの共感と、それを強いている社会に対する怒りの感情なしに、社会問題について考察する枠組みが生まれるでしょうか。

感情とは、単純な生理的な反応のことではありません。電車のなかで足を踏まれても、踏んだ相手の自分への対応によって、怒りになったりならなかったりします。自分が痛い思いをしても、ときに相手の方に同情しさえします。人が感じる怒りとは、自分が傷つけられたという実感に加えて、その傷つける振る舞いが不当であるという判断も含まれているのです。このように感情は、じつは価値判断に基づいているのであり、すでにそこには思考があるのです。実際に、判断するときに感情の果たす役割はたいへんに重要であって、感情と思考を簡単に区別することはできません。むしろ、感情と思考はひとつになっていると言ってよいほどです。感情とは、何かを選択することそのものであり、決断や判断そのものだからです。

逆に、感情のない思考があるとすれば、ただ強制的にやらされているだけの算数の計算問題のように、精彩に欠け、平坦で興味を惹かないものとなるでしょう。先に挙げたこどもへの愛情や貧しい人びとへの共感は、対象について配慮し、慈しみ、癒し、育てようとする態度、すなわち、ケアする態度の表現だと言ってよいでしょう。ケア的思考とは、対象をケアする態度や行為の一環としての思考なのです。ここで、ケア的思考にはふたつの意味があります。ひとつには、気遣いを持って自分の思考の主題を考えるという意味です。もうひとつは、思考の方法について関心を持つことです。たとえばラブレターを書いている人は手紙の相手を気遣いながら書くと同時に、その手紙それ自体が相手にどう影響するかも気にかけています。こどもをどう教育しようかと考えている人は、こどもを気遣うと同時に、自分の態度がどのような変化をこどもに与えるかを気にかけます。それは人に共感すると同時に、自分がどのようなケアを与えるかについての思考力なのです。

したがって、リップマンが指摘する通りに、ケアとは単に思考を生み出す条件ではなく、思考のあり方やその側面そのものだと私は思います。ケアは、**物事を丁寧に調べたり、物事どうしの関係性を発見したり創造したり、他の行動の選択肢を思いついたり、問題を調べて解決法を見つけようとしたりする**ような認知的な作用として機能します。そのときのケアリングは、ある種類の思考となっているのです。ケア的思考は、批判的な思考と創造的な思考に並んで、とても重要な思考の側面です。というのも、思考には、何かに配慮する、世話をする企てが含まれているからです。

また先ほど指摘したように、ケアがなかったら、思考は価値を失うことになります。もし思考のなかに価値づけが含まれないのであれば、思考は無感情で無関心な形で主題にアプローチするようになります。それでは、思考そのものが十全に機能しませんし、知的探求も滞りがちになるでしょう。ケア的な思考は、創造的思考や批判的思考とも深く関係しています。たとえば、季節の変化をあまり気にしないこどもは、それぞれの紅葉を大ざっぱな色彩で描くことでしょう。季節の推移と樹木の変化を気にかけているこどもは、さまざまな絵の具をとりまぜながら、葉の細かい部分を鋭敏に塗り分けていくでしょう。紅葉をもっと生き生きと描くにはどうすればよいかと思い、頭と手を動かすはずです。ケア的であることが、より正確な知覚、より色彩豊かな描写を生み出し、創造的思考となるのです。批判的な思考についても同様です。校庭に植えられた樹木が枯れかけたときに、どうすればその樹が生き返るか、どこが悪かったのか、どのような手当が必要なのか、こうした判断をするための批判的思考は、その樹木をケアする態度の一環なのです。

こどもが身につけるべき三つのポイント

思考は、批判的、創造的、ケア的の三つの側面を持っているときにもっともすぐれたものになると言ってよいでしょう。今日の教育では、しばしば批判的思考の重要性が強調されています。たしかに、知識を暗記することに重きを置いた教育から、思考することを重視する教育に移っていく必要があります。しかしながら、批判的思考は判断するための思考です。ただ単に判断するだけの思考は、何かの判断基準に固執してしまう保守的な傾向を持ちかねません。思考は、実験的で前進的、ときに冒険的であるような創造的側面と、対象に配慮してそれを大事にするケア的な側面が同じく必要なのです。

哲学対話では、批判的思考力、創造的思考力、ケア的思考力が向上するのですが、それは対話という共同作業の過程のなかに、批判と創造とケアの側面が含まれているからです。その**三つの思考力の側面は、対話の特徴を個々人が獲得していくことなのだということを忘れないでください。**

6
ひとの話に耳を傾けられるようになろう

周囲と一緒に始めよう

さて、ここまでこども哲学とは何か、それがなぜ大切なのか、どのような意義を持つのか、世界でどのように普及しているのか、そして、こども哲学が育てる思考力の種類について説明しました。本書のパート2では、実際にどうやって行うのかについて具体的に説明していきます。その前に、パート1の最後として、こども哲学のやり方の特徴をみておきましょう。

こども哲学で第一に重要な特徴とは、「探求の共同体（community of practice）」という対話集団を形成することを目指す点にあります。こども哲学には、具体的にはさまざまな方法や実践形態がありますが、共同体における対話を通して哲学的テーマを追究する点において共通しています。こども哲学の実践家は、思考は対話によって育まれ、人間の絆は真実の追究によって深まると考えている点で一致しています。私たちは、思考力と判断力を持った個人と、真実を追究する社会の双方を持つ必要があります。

探求の共同体とは、もともとチャールズ・アレキサンダー・パースとジョン・デューイに起源を持つ発想です。二人ともプラグマティズムの哲学者である点に注目してください。プラグマティズムとは、人間の知識とは、現実を鏡のように映し出し、記述し、表象するためのものではなく、現実を予測し、行為し、問題解決をするための道具であるとする考え方です。

パースとデューイによれば、認識とは、デカルトが考えたように、合理的過程を踏めば確実な不変の真理に到達できるようなものではありません。認識は社会的なものであり、知識は共同体のなかで探求され、実験され、絶えざる革新の過程にあると考えます。教育とは、教師が主導する探求の共同体へ参加することです。探求の共同体は、「学習」のための共同体とは異なります。探求の共同体では、学ぶ内容が定まっているわけではありませんし、探求がうまくいくことも保証されていません。失敗もありえるのですし、自分たちで自分の誤りを修正しながら吟味していかなければならないのです。探求にとって何よりも必要なのは問うことです。それは、狭い意味で言えば真理を探求することであり、広い意味で言えば意味の探求です。探求の目的は、理解やよりよい判断を達成することにあるのです。

探求の共同体では、個人の生に関わる問題（たとえば、愛情や友情、死、いじめなどの問題）や、もっと社会的な問題（たとえば、公平性や正義、経済格差のような問題）、さらに一般的な哲学の問題（たとえば、心身関係や人格の同一性、人間と動物の違い、時間や空間、正しい認識の仕方といった問題）が追究されます。そこでこどもたちは、自分の考えを発展させ、他の意見と比較しながら議論を展開します。そうして、他者の声を聞き、理性的な根拠を持った討論を行い、ときに反省や思考のために沈思黙考するのです。

探求の共同体は、共同体です。それは排他的であってはならず、参加者が平等に発言することが奨励されます。ですが、発言を強制することもしません。ひとりの人の認識は、共同体で共有されるようにします。共同体には、連帯感がありますが、自分自身で考えることの重要性を忘れないようにします。ときに、自分で問いをよく考えずに、一部のこどもがただたくさん発言してしまうだけの話し合いになってしまうことがあります。それでは探求の共同体とは言えません。対話を進めるとともに、各人が思考を働かせなければなりません。こどもたちは、探求の共同体を経験することで、批判し合っても、怒ったり傷ついたりする必要がないことを学んでいきます。批判とは、認識を広め思考を深める手段に過ぎないことが理解されます。繰り返しますが、真実の探求こそが真に人を結びつけるのです。

相手の話を聞きたいという気持ちを持つ

したがって、こども哲学は、教育の観点から見るならば、思考力の発展と共同体の形成のふたつの目的を持っていることになります。ですが、このふたつは同じもののふたつの側面であり、方法論においてどちらを強調するかという違いはあっても、切り離すことはできません。先の理論編では、思考力が対話によって育まれることについては説明したと思いますが、他方で、対話は共同体の形成と維持にとってどのような役に立つのでしょうか。

対話する集団、すなわち探求の共同体は、かりにメンバーの意見が一致せず、ときに激しく対立することがあっても、その対話が続けられる限り、集団として維持されます。対話とは、相手に話すことを認め、相手の話に耳を傾け、相手を知りたいと願う集団においてのみ成り立ちます。対話を通して、私たちは自分と他者の違いと対立点を知ることができますが、同時に、対話は人と人を接着させます。哲学対話の教育がシチズンシップの醸成に役立つとされているのは、対話が人と人との差異と対立を許容しながらも、人間関係を存続させ、互いにケアし合う関係性を生み出すからです。こうしたことが生じるのは、対話はもともと相手に対するケアを含んでいるからです。後から述べますが、哲学対話では、聞くこと、傾聴することが重視されます。それというのも、対話は参加者への相互のケアなしではありえないし、思考そのものもケアすることから分離されれば成立しなくなるからです。

探求の共同体のメンバーは、異なった視点を持つことによって共同の探求に奉仕します。探求の共同体のメンバーは、差異によってつながっています。なぜなら、差異こそが新しい経験の源であり、思考を触発するものだからです。これに対して、対話しない集団では、同じ考え方や同じ好み、同じ発想を持たせることで、何とか集団の共同性を保とうとします。しかしそれは、メンバーに各人の違いを隠すことを求め、個性を押し殺しあうことを求めるために、自分はありのままで集団に受け入れられているという感じを持つことができません。各人はすでにできあがった集団に自分を適合させることだけに気を遣うので、自分が積極的に集団に参加したという意識を持てませんし、集団をよりよくしようとする気持ちも湧きません。対話がないことによって集団のなかに新しい経験をもたらすことができないので、各人は成長するきっかけを失い、集団も活力を持てずに、発展は停滞するのです。

まずはしっかり黙って聞く

探求の共同体において何よりも重視されるのは、先に触れたように、セイフティ（安心）です。探求の共同体は、全員が議論に参加する場です。セイフティとは、誰もが自分の意見を言うことに恐れや躊躇を覚えずにすみ、自分の発言したいことを素直に話すことのできる状態です。シチズンシップ教育を論じた箇所で述べたように、集団に参加するためには、すでにその存在が受け入れられ、許され、認められている必要があります。そして、自分の考えや意見や質問を自分だけのものにせずに、みんなと共有するのだという意識をみんなに持ってもらうようにします。探求の共同体では、相手の人格を傷つけない限り、自由に発言し、質問や反論ができるような雰囲気にすることが大切です。そのためには、探求の共同体は、聞く共同体でなければなりません。**まずはしっかり黙って聞いてあげること、これが第一に大切です。**

こども哲学では質問することも大切ですが、それ以前に聞くことの重要性を強調しておきましょう。参加者は誰の意見でも真剣に耳を傾け、発言者が参加者からの返事を求めているならば、その意見や問いかけに誠実に応答してあげる態度が大切です。こうした場を作り出すことが、ファシリテーターである教師が行うべき最大の仕事です。

プロセスを大切に

また、こども哲学における探求においては特徴的であり、かつまた価値が置かれていることは、探求のプロセスそのものです。**哲学の探求はオープンエンドです。**従来の知識観では、過去から継承された知識のなかにこそ価値があると見なされてきました。その知識は、普遍的で絶対的とされ、知識の普遍性と確実性に価値が置かれていました。しかしながら、こども哲学は、パースやデューイと同じく、認識は終わりのない探求であると考えます。したがって、知識のどこかの段階に留まることは、じつは、何らかの誤謬のなかに身を落ち着けてしまうことに他なりません。ちょうど、芸術家が自分の芸術は完成したと考えたり、スポーツ選手が自分は最強だと考えているような状態を想像するとよいでしょう。そのようなことを言う芸術家やスポーツ選手がいるとすれば、自惚れているだけであり、実際の実力は未熟のままに過ぎません。したがって、こどもが学ぶべきは、現在「真理」とされている「知識」を超え出て、さらに探求する姿勢です。

探求の共同体では、一旦、答えが得られたように思われる瞬間を超えて、さらに問いかけが始まり、もっと探求が深まり、問いが問いを呼ぶことに価値が与えられます。学習過程におい

従来の知識観と比較した
こども哲学の特徴

こども哲学		従来の知識観
身体性の重視	⇔	身体の軽蔑と心の優位
感情や感性の重視	⇔	感情や感性の軽視
真理は変化し進歩する	⇔	真理は絶対で不変
知識のダイナミズム	⇔	知識の不変性を重視
知識の不確かさの承認	⇔	確かさへの欲求
価値はつねに日常生活のなかにある	⇔	価値は継承された知識のなかにある
価値は個別的でありうる	⇔	普遍的で絶対的なものにしか価値はない

て情報の獲得そのものは重視されません。重視されるのは、思考です。すなわち、それまで結びついていなかった物事を関連づける作業です。哲学対話では、ひとつのテーマの内での概念の関係性、またテーマとテーマとの関係性を探求することを主な目的とすることになります。

問いを自分で立てる

探求の共同体での議論で何よりも大切なのは、こどもの自発的な問いを尊重することです。こどもの関心に寄り添うこと、これが何よりも大事です。

大人や教師が考えさせたがっている問いをこどもに与えてしまうと、その瞬間から、こどもは大人が求めている正解を探ろうとします。あるこどもたちは大人の期待に応えようとしますが、他のこどもたちはまったく興味を失います。興味をなくしたこどもは、じっとしていられなくなりますし、私語も増えてしまいます。さらに他の人の発言を邪魔して、クラスのセイフティはなくなります。先に見たフランスとアメリカのふたつの映画のクラスの当初の状況は、日本においても現実なのです。逆に自分が正解を知っている、知識を持っていると思うこどもは、先生に認められたくてうずうずします。正解を知っているのは先生なのですから、他の生徒の話など聞く必要はありません。自信のないこどもは議論に参加せず、正解が出た後に先生と大勢に追従しようとします。そうして、クラスの話し合いは、少数のこどもと先生の間の正解に至るまでのやりとりに過ぎなくなります。そうしたやりとりは到着地点が決まっているので根本的には無駄であり、結局、本気で取り組もうとするこどもはいなくなります。ですから、こども哲学では、あくまでこどもどうしで対話が成立して、教師はせいぜい対話の促進者に過ぎない状態が求められるのです。

そのため、こども哲学では、何かのテキストを提示するにせよ、自分たちでテーマを決める場合にせよ、みんなで議論する問いを自分たちの関心に即して、自分たちで決めてもらいます。こどもは、テーマが実際に自分たちから生まれ、自分たちの興味のままに追いかけてもいいということになると、見違えるほど考えるようになります。

しかしながら、生徒に問いを立てることを任せると、ときに教師があまり感心しないような問いが立てられることがあります。一見すると、不適切ではないかと思われる問いもあります。しかしそうした場合にも、その問いを真面目に議論していくことが肝心です。

たとえば、私がファシリテーションをした小学校のクラスでは、「禿げ」をテーマにして話をしたいという声が大きくなりました。一見すると、ふざけているように思いますが、「どうして禿げについて話したいの」と尋ねると、「なぜ、年をとったりすると禿げてしまうのか知りたい」と言います。これは生理学の問題だから調べればよい、哲学対話にならない、と判断するのは早計です。「なんで、〝どうして禿げるのか〟を知りたいの」と聞くと、そこには自分の身体が成長し変化していくことを不思議に思い、不安を感じている気持ちが表明されます。ですが同時に、禿げることが可笑しい、そうなりたくない、という気持ちがあることが分かります。そこまで話が進むと、ある生徒が「禿げることをバカにするのは差別だと思う」という鋭く真剣な発言が出ます。そのこどもは何か身体のことで揶揄された経験があるのでしょう。そしてクラスで議論する問題は、「どうして禿げると差別されてしまうのか」になりました。そして、議論は蛇行しながらも、身体上の小さな違いに価値づけがされていて、そこに負の価値づけがされたときに差別が生じるのだといった方向に話が進んでいきました。こどもの授業後からの感想では、「禿げというテーマには最初はふざけていると思ったけど、こんなに長く真面目な話になるとは思わなかった」というものがありました。おそらく、この議論に参加したこどもたちの何人かは、将来、人間の身体について考えるときには、ここでの話し合いを思い出すことでしょう。

問いを立てることはもっとも重要な知的活動です。問いを立てた時点で、解答はある程度見えているとさえ言えるくらいです。私たちが直面している現実は複雑です。そこに何かの問題があることが分かっていても、複数の問題が組み合わさり、さまざまな雑音や無関係なことが混じっています。しかもどれが本質なのかは、こちらの視点で変わってきます。

通常、教師が学校で与える問題は、解答しやすいように、あるいはひとつの解答が与えやすいように構造が整序され、人工的に設定されています。しかし、自然界には理科実験室のなかのような理想状況が存在しないように、現実には、すぐに何が問題かを発見できるような単純な状況はありません。テーマを見出し、みんなで議論できるように問いを立てていくことこそが、大切な発見的過程なのです。

そして、問いを立てることの重要性は、その問いが自分のそれまでの考え方、生活の仕方、習慣などに対しても適用され、自分自身への問いかけへと変わっていくことにあります。人から一方的に与えられた問いは、なかなかそうした自己反省へと切り替わることが難しいように思います。次に述べるように、哲学は、自己を問い直すという仕掛けを持っている点に特徴があるのです。

問題が定まっていないオープンな始まりから、結論が完結しないオープンな終わり方をするのが、こども哲学です。なぜなら、まさしく哲学とはそうした知的探求だからです。それを経験した人は、複雑に絡まった現実からテーマと問いを自分で見つけ、途中で出てくる簡単な解決に満足せずに、真に重要な問いへと思考を深めていきます。

まとめのない終わり方でOK

哲学対話に関してしばしばいただく質問に、結論やまとめのないオープンな終わり方がどのような意義を持つのかというものがあります。とくに初等中等の先生が、「知識の獲得がないような授業にどのような意味があるのか」「何の役に立つのか」「どういう効果があるのか」「どのように評価すればよいのか」といった疑問を持たれます。学校の先生たちは、しばしば授業を結論で締めくくる習慣をお持ちです。また現在の教育現場では、こどもたちの関心や動機とは関係なく、せっかちに「教育効果」が求められているのでしょう。

対話は思考力を高めるという効果があり、その評価の仕方も存在します。実証的データはすでに数多く存在します[注]。むろんそれ以前に、対話を経験した生徒にとって自らの変化は明らかです。

また哲学対話では、オープンエンドではなく問題解決を志向する場合もあります。たとえば、個人を対象とした哲学カウンセリングは、かなりの度合いにおいて、自己認識を発展させて、自分がかかえる問題の解決を目指しています。この場合には、哲学対話の目的ははっきりしていますし、効果も判断しやすいでしょう。こうして問題解決を志向する哲学対話が存在する一方で、それを志向しない哲学対話も存在します。こちらの方が哲学対話の主流をなしています。こども哲学でも基本的に、問題解決が目的とされていないオープンエンドな議論がなされます。（もちろん、問題解決を目指した哲学対話を教室でしてはいけないというわけではありません。）

　では、オープンエンドの探求において目指されているものは何でしょうか。こども哲学では、探求の結果ではなく、探求のプロセスが重視されると先に述べましたが、この活動の意義は何でしょうか。この問いは、哲学とは何かと問うことに等しいのです。私が思うに、哲学対話の目指すところは詰まるところ、ソクラテスの問いかけである「汝自身を知れ」を追究することですし、それは意味ある人生を歩むために「生活を吟味すること」に他ならないと思います。問いと対話によってもたらされるものとは、人生の質的な向上です。私たちは対話によってより大きな広い文脈に自己の問題を置き換え、新しい次元から自分の振る舞いや考えを評価できるようになり、自分の認識を新たにします。

　私たちは、家族や社会から暗黙のうちに請け負わされている基準や規範、視点によってさまざまな物事を判断し、行動しています。この無批判的に習得された自分の枠組みに気づき、それを自覚的に再構成する過程が哲学対話の意義です。そして、他者の存在こそが、自分の束縛されている枠組みに気づかせてくれます。ですから、哲学対話におけるオープンな終わり方は、自己認識が完了していないこと、自己変容に終わりがないことの表現なのです。

これは、分野ごとに分断され、習得が段階ごとに区別されている教科の学習とは対照をなします。哲学対話では、何かが達成されるわけではありません。そうした教科の達成を測るものは、まさしく一定の社会的枠組みのなかで働いている基準や規範であり、人生を生きるための知的な手段や道具以上のものではありません。哲学対話は、その基準や枠組み、規範を検討しようというものなのです。**こどもたちには、対話によって自分の生き方そのものを考えていく機会が必要なのです。**社会が作り出した教科学習の基準や規範を頭から否定する必要はなくとも、自分の人生をよく生きるにはどうすればよいかという観点からそれらを問い直してよいはずです。

以上で、探求の共同体による哲学対話のやり方の全体的な特徴について述べてきました。パート2では、より具体的な対話の進め方について説明したいと思います。

注　対話型哲学教育の効果については、ニュージャージー型テスト（NJTRS : The New Jersey Test of Reasoning Skills）による統計的なデータによる裏づけもあります。Trickey, S. & Topping, K. J.（2004）を参照。筆者は、二〇一二年四月の応用哲学会大会で「対話型哲学教育の効果測定と評価」「初等中等教育における対話による科学教育の可能性」のふたつのワークショップを企画しました。それ以外にも以下の論文・著作を参考にしてください。Laverty, M. & Gregory, M.（2007）、松下佳代編著（2010）、McPeck, J. E.（1981）、McPeck, J. E.（1990）、楠見孝・子安増生・道田泰司編（2011）。

コラム①

哲学的で、深い議論とは何か

筆者は、こども哲学の実践を行っている人から、以下の質問をいただくことがしばしばです。それは、この対話が「哲学的になっているかどうか」「深まっているかどうか」というものです。

まず、「哲学的」とは、どういうことでしょうか。いろいろな定義がありえますが、おそらく、次の三つの特徴を持っていることは多くの専門家が認めてくれるように思います。

(1) 一般性（あるいは、普遍性）　一般的・普遍的な問題を扱います。古典的には、宇宙の秩序の原理や宇宙における人間の地位への関心がそうです。様々な学問に共通したり、通底したりするテーマを扱う超領域性、分野横断性は、この現代的表現です。

(2) 批判性　所与の説や現状を再検討します。懐疑主義、自己への批判としての反省もここに含まれます。批判性が開始される地点として「驚き」、すなわち、日常性から距離をとることが挙げられます。批判に対して「開かれた」性質を持っています。

(3) 体系性　一定の原理に基づいており全体が整合しています。首尾一貫性としての合理性はここに含まれます。

抽象と具体の往来

哲学対話を行うときには、まずこどもに関心のあるテーマや問いを出してもらいます。このときに、出されたさまざまなテーマや問いに共通するようなテーマや問いを、あらためて探すことになります。

たとえば、こどもに「自由に話し合いたい問いを出してみて」と言うと、「友だちと親友の違いは何か」「友だちは何人くらいいればいいのか」「友だちはたくさんいた方がいいのか」「誰とも友だちとならなければならないのか」「クラスメートは友だちか」「家族と友だちはどう違うのか」といった問いがどんどん出てきます。しかし、これらの問いは、「友だちとは何か」という問いをじっくりと話し合い、考えていくうちに、すべて扱わなければならないように思われます。

「友だちとは何か」という問いは、その意味で他の問いよりも抽象性が高いわけですが、抽象度が高いということは、具体的な問題が包括されているということです。こうして、より抽象的な問いを立てることによって、より多くの参加者の関心を引きつけることができ、より多くの人が発言できるようになります。たとえば「家族と友だちはどう違うのか」というもっと具体的な問いには関心を持たないこどももいるかもしれないからです。哲学というのは、一般的で普遍的な、抽象的なテーマを論じることが多いのですが、それは、誰もが議論に参加できる包括的なテーマだということでもあります。

しかしながら、「友だちとは何か」という問いを、そのまま「それについてどう思いますか」と尋ねてもすぐに答えられるこどもばかりとは限りません。それはかなり抽象的な問いで、これまでそのことについて考えたことのある子しか答えられないからです。その代わりに、より具体的な問い、「友だちと親友の違いは何か」とか、「友だちは何人くらいいればいいのか」とかいった問いに対してなら答えられるこどももはいるでしょう。具体的な問いならば、その場で考えることもできます。そうした具体的な問いに答えていってもらえば、それぞれの問いの角度から、「友だちとは何か」という問いについてアプローチできるようになります。

たとえば、「友だちの人数は多ければ多い方がいいよ」と答えたこどもの発言を取り上げて、

「みんなはどう思う。賛成とか、反対とか、ありますか」と言えば、「あんまり多いと友だちとただの知り合いとか、ただのクラスメートとの違いがなくなってしまうよ」とか、「誰と仲よく遊べるかは、結構変わるから、やっぱり多い方が遊べる人が多いからいい」とかいう答えが返ってきます。そうなると、「う〜ん、じゃ、クラスメートと友だちはどこが違うの？」とか、「友だちって遊び仲間のこと？」とか、追いかけ質問をしていくならば、自ずと、「友だちとは何か」という問いにアプローチすることになります。抽象的な問いへの入り口はいくつもあるのです。

哲学対話で気をつけなければならないのは、話が抽象論に終止してしまい、個々人の具体的な経験から遊離してしまうことです。とくにこどもの場合、そうなってしまうと、抽象的な概念に慣れたこどもばかりが発言するようになり、発言者が限られて、対話の内容がかえって貧弱になってしまいます。対話では、具体的な経験とやや抽象的な言葉とを行き来して、「抽象的な概念を現実に接地させること」「抽象的な概念を内容を豊かに拡げること」、そして逆に、「具体的な経験に言葉を与えて、他の人の経験や自分の他の経験と比較可能にすること」を心がけるといいでしょう。**哲学対話は、ただ物事の抽象的な本質だけを探るものではありません。**そのテーマを巡る、多様な経験や考えを提示し合うなかで、新しいことに気づこうとする活動なのです。

「友だちってどういう人？」と聞いて、あるこどもが詳しく話してくれるなら、じっくりと聞いてみましょう。これまでの他のこどもの発言とは異なった考えや経験が含まれているかもしれません。とくに普段発言しないこどもが話してくれたときには、ファシリテーターには耳を澄ませて聞く必要があります。話が抽象的で空疎になってきたなと感じたら、もっと具体的な問いを他のこどもに聞いて、その子の経験を引き出してみましょう。自分の経験をうまく言葉にできるこどもばかりとは限りませんが、他のこどもたちが具体的な話をしていると自分もそれなら話せると思うものです。そうして、できるだけ多くの人から、できるだけ多様な経験と考えを引き出していくのが、ファシリテーターの仕事です。

対話とは、それぞれ異なった人が、同じテーマについて、さまざまな角度から語り合うことです。対話は、同じテーマと問いを、異なった鏡に写すような作業です。共通の部分だけではなく、それぞれに異なった意見にこそ、対話を豊かにする鍵があるのです。

それはどういう問いであるか

哲学対話の実践者はまた、自分たちの対話が十分に深まっているかどうか心配になることがあるようです。じっくり一人の話を聞くのはよいとして、参加者が、それぞれ自分の経験を語り合うだけになってしまうと、何か臨床心理学的な感じはしても、哲学的な感じがしないという感想が出てきます。

「深い」対話とか、「深い」考えとは、どういうものでしょうか。哲学とは真理の探求です。真理がただの事実と異なるとするならば、真理をどう定義したらよいでしょうか。筆者は、真理とは、問いに対する答えのことだと考えてよいのではないかと思います。「問い」は、パート1でもう少し詳しく述べたように、思考を誘発する驚きや戸惑いから発してきます。日常生活が習慣通りに円滑に進んでいるときには、私たちは疑問を持ちませんし、あえて考えることもしません。日常生活の中で、思い通りに事が運ばなくなったり、これまでの考えでは理解できないような事態が生じたとき、私たちは、「なんだろう、これは」「どういうことだろう」「どうすればいいのだろう」と問いを持つのです。

では、そうした問いの中で、哲学的な問いとは何でしょうか。それは、先に挙げたように、自分の生活全般に関わるような一般的なテーマであるというのがひとつの特徴ですが、もうひとつ重要な特徴は、**これまでの自分の常識や習慣、前提、現状のあり方を問い直すような問いであるということです。**いわば、自分の足をすくわれるような問いのことです。自分が当然のように信じていたこと、当たり前のこととしてやり過ごしていたこと、それを問い直すならば自分の生き方を変える必要があるようなことを、問い直す問いが哲学的な問いなのです。こうした問いこそが「深い問い」というもので、「深い問い」に到達して、それに何とか答えようとしてもがくことが「深い思考」と呼ばれるものです。思考とは、コンピュータが行う演算のようなものではありません。コンピュータもＡＩも考えていません。なぜなら、それらは問いを持つことがないからです。問いがないところには思考はありえません。そして、その深い問いに対する解答が、哲学的な「真理」と呼ばれるものなのです。

　では、こどもたちの問いを、そうした深い問いにするには、どうすればよいでしょうか。いいかえれば、こどもたちの議論を、深いレベルにするにはどうしたらよいでしょうか。そこで**まず必要なのは、問いの動機を聞いてみることです。**

　たとえば、「友だちと自分では笑いどころが違うけど、どうしてですか」という問いがこどもから出されたとします。一見すると、哲学からはずいぶん遠い問いに見えるかもしれませんが、こうした問いでも少し掘り下げれば、すぐに哲学的になるものです。まず、このこどもには、「どうして、それが気になるの」と聞いてみるのがいいでしょう。もちろん、そこには他人と同調したいという気持ちが現れているのですが、そこで、「いつも他の人と同じところで笑わないといけないかな」という問いかけにすると、自分の問いの根本にある自分の傾向に気づくことになるのです。

　あるいは、「〝普通〟って何ですか」という問いも日本人の定番の問いのようです。そこでもやはり、「どうしてそれが気になるの」と問い返せば、「親にそれは〝普通〟じゃない」と言われて叱られたとか、友だちに「普通じゃないから、変だ」と言われたなどという経験を語るかもしれません。そうした場合には、「じゃ、その友だちは、あなたにどうして欲しいのだと思う」と聞いてみるとよいかもしれません。友だちどうしのあり方や、親の叱り方の特徴が明らかになっていくことでしょう。

　このように問いを掘り下げることにどのような意味があるのでしょうか。別の言い方をするならば、哲学的なレベルで対話することに何の意味があるのでしょうか。それは、その人を自由にするのです。「真理はあなたたちを自由にする」とは聖書の言葉ですが、それは、自分の本当の問いに答えを見つけたものは、その問いが発生している葛藤から自由になるのだと解釈できるかもしれません。問いは自分がある考えに囚われていることから生まれています。その問いに答えることで、自分を縛っている発想の枠組みを相対化して、自由になることができます。人に無理矢理に同調しているような人間関係は、幸福な人間関係ではなく、その状態を続ければ、いずれはその友人たちを嫌うようになっていく。こうしたことに気づいたときに、漫才などで自分が可笑しいと思うところで自由に笑えるようになるでしょう。このように、深い問いに答えようとすることは、自分を深いところで解放しようとすることに他ならないのです。

哲学対話は答えずに、後退して見晴らしをよくする

このように、哲学対話では、**最初に思いついた問いにすぐに取りかかるというよりは、問いを真正のものにすることをまず行うべきでしょう。**たとえば、「学校の規則は誰が決めたのですか」という問いは、その人が本当に問いたい問いではないかもしれない。そのこどもは、ある校則に納得できなくて、抗議したいのかもしれない。そうであるかもしれないと予感できたなら、「どうして誰が決めたのか知りたいの？」と動機を聞いてみるといいかもしれない。「コレコレの規則は変で、なんで守らなければならないのか分からない。作った人にそう決めた理由を聞いて、抗議したい」と言うかもしれません。そこで真正の問いは、「なぜ、コレコレの規則は守るべきなのか」であり、「変な規則にも従わなければならないのか」という問いになるでしょう。

哲学対話では、問いが出されたならば、それをより大きな枠組みで捉えてみることが大切です。本文中で取り上げましたが、ある対話では、「禿げ」をテーマにして話をしたいということになりました。テレビのお笑い番組で、頭髪が薄いことを笑いのネタにしているというのです。しかし、「どうして禿げについて話したいの」と尋ねて対話を進めていくと、最終的に

「禿げ」などのような身体的な特徴で笑うことは差別だという本当の声が聞こえてきました。単純にこどもたちの質問に答えようとしたり、あるいは、ふざけた問いだと言ってすぐに退けたりすることなく、こどもの問いの根本へと迫りましょう。それは、こどもの防御壁を外していくことでもあるので、対話の場が、その教室が本当に「知的に安心できる」場所でなければなりません。

哲学対話では、問いに答える前に、まず問いを吟味して、真正のものにします。それは、問いの前提にさかのぼり、問いを発している根本的な思考の枠組みを明るみに出すことです。それは同時に、社会の「常識」や慣習を検討し直すことでもあるのです。

哲学対話は、こうして問いを遡行していきます。問いから前に進まずに、問いの後ろへと下がり、視点をズームアウトしていくものなのです。そうすることで、私たちの視野は広がり、問いを大きな枠組みと長い文脈から捉え返すことができるようになります。この知的な見晴らしのよさが、人間を自由にしてくれるのです。

Part.2

こどもの対話する力を育てよう

大人もこどもと一緒に考える

こどもに深く考えてもらうためには、大人も深く考えなくてはなりません。

　あくまでも聞き手に徹しながら、しかし、ただの雑談にはならないように話を進めるにはコツがあります。

　ここでは、筆者が今までに、幼児や小学生、大人とともに行ってきた哲学対話を通じて学んだ効果的な進め方について、具体的に説明していきます。

こども哲学の進め方

1. 丸くなって座る

コミュニティボール
毛糸を巻きつけてボールにしたもの。自己紹介をしながら糸を巻きつけて順番に回していって作る。対話を進めるのを助けます。

お互い全員が見えるように座りましょう。

2. ゆっくり、アイスブレイク

クラス替えしたばかりのクラスや公共の場など、親しくない間柄の場合は、コミュニティボールなどでリラックスできるようにしましょう。

3. さあ開始! テーマを決める

注意点!

・意見が出てこなかったとしても、待ってみましょう。
・こどもの言葉を妨げないでよく聞きましょう。
・こども同士を話させて、質問し合わせましょう。

はじめに、ファシリテーターが、進め方や心構え、対話を進めるうえで大事にしたいことについて話します。

題材としたい絵本や映画を見てから、何を話したいか、こどもたちに決めてもらいます。
どんな問いが立てられるか? みんなから意見を出してもらいます。
↓
その中からひとつにしぼります。
↓
本当にそれでいいのか、再度話し合います。
↓
問いを黒板や紙に書きだしてもいいでしょう。
(問いは、話し合いの途中で深まって変わることがあります。)

4. 考える

まずは、問いについて個々でじっくり考えます。

5. 意見を出す

自分の考えを伝えます。対話に慣れていない人が多いときは、最初は少人数で話させるところから始めてもいいでしょう。

6. 質問しあう

ファシリテーターは一人の参加者として対話に加わりますが、話が停滞したり、一部の人ばかりが話しているときには、みんなで参加できるように促します。

7. 振り返る

ファシリテーターは、無理に結論づけない。時間がきたら終わりにします。お互いに感想を言い合うようなかたちで終えることもよいでしょう。

さらに…

回数を重ねると、子どもどうしだけで、相手の考えを引き出せるようになります。ファシリテーションする必要がないときは大成功です。

1 リラックスできる環境づくりから

「絶対の方法」はない

パート1の6では探求の進め方の大枠の説明をしましたが、このパート2では、こども哲学の具体的な実践方法を説明しようと思います。おそらく、本書を読んでくださる方は、こども哲学を実践するときに対話のファシリテーターを担当するお気持ちをお持ちでしょうから、以下の方法もファシリテートをする立場から説明しようと思います。

ただし、最初に注意が必要です。それは、**哲学対話に絶対の方法などない**ことです。ここで説明する基本的な方法もひとつの例以上に考えないでほしいのです。私たちの目的は、こどもとともに哲学のテーマについて考え、よりよい人生を送ることです。ですから、哲学対話を自分でもやってみたいと考えている大人や先生は、自分自身でその最善の方法を探求しなければなりません。マニュアルに依存すると人は考えなくなります。

　哲学対話にはマニュアルはありません。ファシリテーターはこどもどうしでの対話を引き立てる役なのですが、他方で、教育場面ではつねにそうですが、哲学対話でもファシリテーターの持つ個性がその場の雰囲気に反映されます。自分の個性を認識しながら、哲学対話の方法とファシリテーションの方法を自分で探求してください。

　クラスで哲学対話を行うとき、参加者に守ってもらう大きな原則がひとつあります。それは、先ほど強調したように、まず人の話をきちんと聞くということです。それは、結局は、お互いをよく知ろう、理解し合おうということに他なりません。この点が哲学対話でもっとも大切な原則です。探求は、すべてのメンバーが進行を理解しているかをつねに確認しながら行います。

　誰もが対等に発言の機会があります。誰かが発言しているときには、静かに聞きます。その発言が終わったら、質問も反論もしていいのですが、話し終わるまできちんと聞きます。指導する教師も例外ではありません。こどもの言葉をすべて受け止める必要があります。また、質問や反論は理にかなったものであるべきで、その発言者の真面目な発言を揶揄したり、無視したりしてはいけません。人の話を聞くということは、その人の人格を尊重することです。教室のセイフティは一番大事にしなければならないことです。できれば、授業の最初で、どうすれば発言しやすくなるか、どうなると発言しにくくなるか、どうすれば教室は安心できる場所になるかを議論するとよいと思います。

ところで、大人を集めた哲学カフェの実践をしていると、もっとも哲学を理解していないなと思われるタイプの方たちがいます。それは、多くの場合が中高年の男性なのですが、彼らは他人の話を聞いて自分を点検しようとか、変容しようとかいう気持ちが少なく、その逆に、その場にいるみんなに自分を認めてほしいという気持ちでいっぱいです。ですから、自分が尊敬している著者の本からたくさん引用し、憶えてきた知識を披露して一方的に自分の言いたいことを長々と話し続けます。いまある自分の姿を認めてほしいので、自分を変えることになる「聞く」という態度ができずにいます。かわいそうなことですが、こうしたタイプの人たちが一番哲学的態度から遠いのです。哲学とは自分がそれまで暗黙に信じてきたことを、他者の力を借りて、点検していく作業なのですから。学校でも、こうしたタイプの態度をとるこどもがいますが、最初に発言させた後に、他の人にその発言をまとめさせる機会を設けると態度が落ち着くことがあります。

どのように場所を作るか

話しやすい位置はどこだろう

対話の進め方を説明するその前に、実際に探求の共同体を作るために最初にやっておくべき一種の準備がいくつかあります。共同体づくりにとってこれらのことは、対話そのものと同じくらい大切なことです。**対話の質は、その教室の雰囲気づくりの時点で決まってしまう部分があります。**まず、対話者を取り囲む空間と身体のセッティングについて二三説明します。こどもの哲学に限らず、哲学対話では、対話が行われる空間と身体性を重視します。対話の内容さえ、そうした空間や身体のセッティングによって影響を受けてしまうほどです。

まず、共同体の人数ですが、数名から可能ですし、私たちは二〇〇名以上の生徒さんを相手に、グループ討論と全体討論を混ぜて哲学対話を行うこともしばしばあります。学年全体や学校全体を体育館や講堂に集めての実践ですが、十分にうまくいきます。こうした大きなサイズの集団でも可能であり、どのようにやるかは後で説明します。とはいえ、基本的に、五〜六名の小グループから三〇〜四〇人のクラスの大きさまでが適当だろうと思います。これは哲学カフェなどを行うときにも適当な人数です。やはりあまりに大きいと各人の発言機会が減って、参加度が低くなるからです。

クラスやグループのなかでも発言をしやすくする工夫が必要です。大きなサイズになればなるほど、発言には勇気がいるようになります。しかし他方、いつも小さなグループだけでディスカッションしているのでは、発言の多様性がそこなわれますし、ある程度の人数の前で話す経験も大切です。いつもの仲良しグループでまとまって座ってしまうと、グループで固まって私語をしてしまい、クラス全体に気持ちが向かなくなることがあります。指導する先生は、そうした人間関係に配慮して、誰もが発言しやすくする配慮をしながら共同体づくりをします。

丸くなろう

クラスサイズまでなら、対話者はあいだに机などをはさまずに、円形になって座ります。輪になって座ることは、全員が平等な立場で探求に参加することを意味しています。机は対話を疎外してしまうことがあります。メモやノートもいりません。考えを自分だけのものにせずにみんなで共有するのです。ノートに書くというのは、基本的に自習なのです。円を作るときには、手を伸ばせばすぐに隣の人に届くような距離がよく、ひとりひとりが離ればなれになっていると、心理的な距離も遠くなります。イスがない場合には、畳やじゅうたんのうえに直接座ってもよいでしょう。いずれにせよ、全員が相互に見える状態になっていること、各人の身体が全体として見える状態になっている方がよいでしょう。対話を行うときには、人がどんな風に話しているのか、話者の表情や動作を見ることができる方がいいのです。輪になると目つきや表情などで次に誰が話したいのかが分かります。**もちろんファシリテーター役の先生も同じ輪に入ります。**クラスを見学にいらした人も輪のなかに入ってもらった方が、クラスの雰囲気づくりの点でも、対話の理解度の点でもよいと思います。こどもと同じ立場で参加されないのでは対話の本質をつかむのは困難だろうと思います。（観客席で野球を観戦しているだけで打席に立たないのでは、ピッチャーのボールの勢いとその打ち返し方が何もつかめないのと一緒です。）

私たちは学校で実践するときには、教室の端か外に、机を完全に移動してもらってイスだけで座ってもらいます。何かを書くためには机が必要でしょう。日本の教育では書くことが話すことよりも重視されているようです。優秀な大学でも、作文はよくできるのにまったく議論できない学生は珍しくありません。高校までの教育で話し合う機会があまりに少ないからです。社会ではその逆に、話すこと、話し合うことが重要になるにもかかわらずです。

実践の場所として、図書館のオープンスペースや自習室のような場所を使ってもよいでしょう。課外活動としてやるときには、公民館や児童館の畳のある和室やじゅうたんやマットが敷

いてある部屋もよいと思います。

ゆっくりと動く

身体の動作についての重要な注意は、ゆっくり話すこと、ゆっくりと進行することです。時間を急かすことは対話を疎外します。現代社会はますます忙しくなり、こどもも追いたてられながら日常生活を過ごしています。パソコンやゲームの速い展開も悪い影響を与えています。こどもにはゆっくり人の話を聞いて、ゆっくり考える時間がありません。しかしよいアイデアは、忙しすぎる時間からは生まれません。哲学対話では十分に時間をとります。むりに急いで進めることはしません。時間がくれば途中で終わってもよいし、次回は終わったところから始めればよいのです。探求は、すべてのメンバーが手順や進行状況を理解しているかをつねに確認しながら行います。

具体的には、**考えている時間を待ってあげること、発言するのに言葉を選んでいるときにも待ってあげること、みんなで沈思黙考する時間を大切にすること。**（こどもを指しておいて、まだ発言していないのにすぐに答えが出ないと次の人を指してしまう先生がいますが、これはこどもにとってはとても残酷な態度で、それでは話す気がなくなってしまいます。）議論が速すぎた場合には、元に戻してみること、疑問やついていけないかどうかをつねに尋ねること、疑問や理解できない点があればその場で立ち止まって応答すること、各人が考えをまとめる時間をとること、議論の進展を誰かに思い出してもらって要約してもらうこと、ファシリテーターである教師はさらにゆっくり話すことです。生徒のモチベーションが上がらない、私語が多い、やる気にならない場合ならなおさら、どこまでも待ちましょう。

以上のやり方は、あくまで例に過ぎません。こどもが緊張しないで話しやすい雰囲気を作ることが第一の目的なのですから、これまでの例にはこだわらず、ファシリテーターが自分自身で、こどもがもっとも自己表現しやすい環境とは何であるかを探って、それに合わせた環境づくりをしてあげてください。

まずは緊張をほぐす

実際に、最初の授業で対話を始める前に、参加者どうしが初対面だったり、クラスやグループのなかで緊張感があったりする場合には、アイスブレイキングをやるとよいでしょう。アイスブレイキングとは、「氷を砕く」、すなわち、その場の緊張をほぐして、参加者どうしの距離を縮めて、融和的な雰囲気を作るといった意味です。**みんなでできる簡単な遊びをやってもよ**

いですし、簡単な自己紹介をしてもよいでしょう。簡単な遊びとは、たとえば、野球場でやっているウェーブのように順番に立ち上がっていくとか、両手を広げて隣の人の手の平を順番に叩いていくとか、たわいのないものでよいのです。この後で述べるコミュニティボールを作っていくというのでも構いません。大人でも、こどもっぽい遊びを真面目にやると緊張感が取れ、仲間意識が生まれます。自己紹介の場合には、いくつかファシリテーターが話してほしいことを指定したり、自分の前の人たちが言ったことを繰り返してから自分のことを話すようにしておいてもいいでしょう。

　また、哲学ネームを付けるのも細かいけれども有効なテクニックです。哲学対話ではそう呼んでほしいあだ名を自分で作って（「ソクラテス」とか「漱石」とかでもいいし、本名でもいいです）、紙に書いてみんなに見えるように身につけたり、床に置いたりします。自分の哲学ネームを言いながら、自己紹介するのもよいアイスブレイキングになります。その授業中は自分のことを哲学ネームで呼んでもらいます。これには一種の演劇的な効果があり、普段とは少し違う自分になれて、そのことで普段の人間関係から離れて自由な発言ができるようになります。

　また日本の学校では、発言するときにイスから立ち上がる習慣がありますが、これはややもすると発言を抑制する原因となりかねません。こどもは立ったとたんに発言する内容が変わってしまうこともあります。こども哲学はみんなの参加を求めます。もっとも引っ込み思案のこどでも発言しやすくなるような状態が望ましいので、緊張を誘うような振る舞いは避けた方がよいでしょう。発言する人をひとりに絞る必要があるなら、ハワイイ発祥のツールであるコミュニティボールを使うとよいかもしれません。

コミュニティボールとは、毛糸を巻き付けてボール状にしたものです。簡単に手作りでできます。可能ならば最初の授業で、自己紹介などをしながら糸を巻き付け、自己紹介が終わったら次の人に毛糸玉を渡して、みんなで順番に作っていきます。こうしてみんなでボールを作り上げると、各人のグループへの参加意識が高まり、ボールは共同作業の象徴となります[注]。

コミュニティボールを用いた対話では、ボールを持っている人だけが発言できます。他の人は聞き役に回ります。先生もこのルールに従います。話したいと思った人は手を挙げます。ボールを持った人は、ボールを渡すことで発言権を他の人に渡します。柔らかいので遠くに投げても安全です。ボールを持っている人が、話してもらいたいと思う人にボールを渡すことができます。渡すときには、相手の名前を呼んであげてから渡すと、この場が共同作業であることが確かめられます。渡された相手が、考えをまとめるのに少し時間がかかる場合には、みんなで待ってあげます。でも、内容として話したくないと思えば、次の人に渡して構わないのです。つまり、発言をパスする権利もあるのです。多くの人の意見を聞いてみたいときには、ボールを横渡しして回していってもよいでしょう。

ボールを作るのには少し時間がかかりますので、私は、場合によっては、ぬいぐるみで代用しています。コミュニティボールは、対話のやりとりが一部の人に偏ってしまったり、展開が早すぎて他の人たちが議論の進行にうまく参加できないような状態を防ぎます。ただし、小学校のクラスではじめによく起こることとして、男の子は男の子に、女の子は女の子にしか呼びかけない、親しい友だちどうしばかりでボールを渡し合うといったことが起こるかもしれません。ファシリテーターはこうした偏りをなくすように促します。

こうしてリラックスして、誰もが自由に発言してよいという雰囲気をうまく作り出すことがファシリテーターである教師の最大の役目のひとつです。細かなテクニックや道具はその方法以上のものではありません。この環境づくりの部分がうまくいかないと、対話の質はけっして高くなりません。

注　コミュニティボールの作り方。必要なもの　ペーパータオルの15〜20センチくらいの芯、いろいろな色の毛糸玉、結束バンド。作り方　1．結束バンドを芯の真ん中に入れておく。2．毛糸玉から糸を出して、芯に巻いていく。3．巻き終わったら、毛糸の束から芯を抜きながら結束バンドで強く縛ってまとめる。4．毛糸の束の端を切り、一三五ページの絵のようなボールを作る。

2 テーマとルールの決め方

対話授業の基本型

では、私たちが実践している対話部分の基本型を紹介します。先に述べたように、マシュー・リップマンが考案したＰ４Ｃの方法はかなり体系的なカリキュラムです。ここでは、リップマンの方法論の核心部分を維持しながら、全体に簡略化して、私たちなりに手を加えた実践の方法を説明します。

哲学対話は、

（0）哲学対話の説明
（1）テキストを読む
（2）テーマと問題を決める
（3）探求的な対話をする
（4）対話を振り返り、吟味する

という過程から成り立っています。

（0）哲学対話の説明

趣旨の説明　はじめて哲学対話を行う場合には、哲学対話でどのようなことをやるのか、その趣旨を説明します。哲学とは何かを定義して理解してもらうのは、とくに学年の低いこどもには難しいかもしれませんが、他のところでやった実践を録画したＤＶＤなどを見てもらうなどすると直感的に理解してくれます。あるいは、哲学という名称にこだわらなくても、みんなが疑問に思っている重要な問いをみんなで探求していくこと、議論を通してみんなで問いを考えることを理解してもらいます。

哲学対話で大切にすべきことと手順と方法の説明　哲学対話で大切にすべきこと、すなわち、お互いに理解し合おうとすること、セイフティ、緩やかな時間の流れ、問いと思考、自分を反省すること、簡単に結論づけずにしっかり考えることなど、対話の心構えを説明します。そして、対話を進める手順や方法、やり方のヒントを説明します。

合い言葉の確認　対話をみんなで協力して進めるためのいくつかの合い言葉を決めておくとよいかもしれません。たとえば、「もう少し大きな声で話してください」「静かにしてください」「もう一度お願いします」「分かりませんでした」「ひとりずつ話しましょう」「話し方が速いです」「テーマを変えましょう」などです。これは誰でも発言してよいことにします。ハワイイでは、これらを「マジックワード」と呼んでいて、カードに書いて示すことをしています。どの生徒もいつでもこれらのマジックワードを言ってよいことにすると、参加意識が高まります。

(1) テキストを読む

哲学対話の材料となるテキストを読む　テキストは物語形式で書かれていて、考えさせる内容を含んだものがよいでしょう。リップマンが開発したテキスト、たとえば、『ハリー・ストットルマイヤーの発見』では、主人公のハリーが身の回りに起こるさまざまな出来事を手がかりにして、クラスの友だちや先生と一緒に哲学的に考えていく物語になっています。

哲学対話用にできたテキストを利用するのもよいですが、独自に先生や生徒が見つけてくるのもよいでしょう。絵本や短い物語、寓話、詩などの文学でもよいですし、学年があがれば哲学書の一部でもよいです。映画やマンガにもよい素材はたくさんあります。あまりに単純化されて問題が分かりやすいテキストよりも、解釈の余地のある複数のテーマが含まれているようなテキストの方がよいでしょう。テキストのよさが対話の質を決定すると言っても過言ではありません。

- テキストは、順番に一節ずつ音読します。こうすると共同体意識を生みやすくなります。
- 場合によっては、このテキスト部分を具体的に体験された事例にしてもよいです。職場などで行う哲学対話では、職場で起こった事例を取り上げて、そこからテーマと問題を見つける場合もあります。たとえば、看護現場でうまくいかなかった実際の事例を取り上げて、何がテーマであり問題であるのかから議論することなどです。同様のことを、教室で行うことができます。
- テキストが読まれたときに、興味を持ったことや、疑問に思ったことを覚えておくように告げておきます。みんなで読んだあと、各人が黙読する時間を与えてもよいでしょう。
- テキストをまったく使わずに、次の（2）から始めることもできます。

（2）テーマと問題を決める

感想を言い合う　テキストを読んだときの印象や感想、疑問に思ったこと、思いついたアイデアなどを、最初は何でもみんなで自由に述べ合います。

テキストなしの開始　テキストはつねに必要なものではありません。テキストを使わずに、この（2）から始めることも可能です。クラスで話し合いたいテーマや問いを直接、聞くことから始めます。

テキストに関してみんなで考えたい問いを出す　つぎに、みんなで考えたい問いを出してもらいます。なぜその問いを考えたいのか、テキストとどのように関係しているのかも説明してもらいます。これらを板書します。問いに添えて、それを出した人の名前を入れるとよいでしょう。そして、その問いがどんなことをテーマとしているかを分析してもらいます。テーマは概念であり、問いはそれに関連したものであって、疑問文で書かれていなければなりません。たとえば、「友人と親友はどう違うのか」という問いを立てたときには、「友情」がテーマとなっているなどです。

問いとテーマを分類する　一通りさまざまなテーマと問いが出た時点で、それらが相互にどのように関係しているのかを議論して、まとめられるもの、関連しているもの、何が重要で、何が知りたいのかを自由に話し合います。問いをテーマの類似性に基づいて分類し、その後で、分類した問いに一番適切なテーマで見出しをつけるようにします。

問いを定める　この後に、みんなで探求したいテーマを絞り込み、問いを定めます。問いはかならずしもひとつである必要はなく、相互に関連していれば、複数でもよいでしょう。もちろん、多すぎてはいけません。問いは教師が生徒に考えさせたいものではなく、あくまで生徒自身が考えたい問いを、こどもたち自身で話しあって決めます。絞り込めないときには、投票や抽選などをまじえてもよいでしょう。

問いの適切さを確認する　哲学対話で探求する問いがこれでよいか、思考し、議論するに値するものかどうかを確認します。ここで、哲学的な問いとは何かを考えることになります。こどもでも、調べれば済みそうな問いと、考えなければならない問いの区別をある程度つけることができます。（「ある程度」といったのは、調べれば分かる事実に関する問いと哲学の問いは、本当のところ完全にはっきりと区別することが難しいからです。また一見事実に関するかに思われる問いも、その根底には哲学的な疑問が潜んでいるときもあります。）哲学的問いとは、さらにたくさんの問いを育み、解決が難しく、すぐには答えることができず、たくさんの議論を生み、人に深く考えさせ、よい答えがあり、たくさんの答えがあってひとつには絞りきれず、そして心をより大きく育むような問いだと言えるでしょう。

問いの表示　最終的に決まったテーマと問いを板書して明確にします。問いには、大きく分け

話す中で出てきたテーマや、そこからどんな問いが出てくるかを書き出す

て三つのパターンがあると考えられます。

ひとつは、とくに特定の目標を掲げずに対話をするパターンです。問いに関して、議論が深まり、いろいろなことが考えられればよいとする自由な探求です。ふたつ目は、何かを定義するとか、概念のあいだの関係性を理解するとか、かなり哲学に固有の概念的・論理的な探求にするパターンです。テーマに関係するさまざまな概念やアイデアを関連づけていくことを探求の中心にします。三つ目は、問題解決型です。これは問いに対して最後に明確に答えを出そうとして追求するものです。

（3）探求的な対話をする

共同で探求する　（2）の過程で出てきた問いをみんなで対話によって探求します。みんなで意見を出し合うと同時に、質問をし合います。そうして、ひとりの問題はみんなの問題として共有され、一緒に協力して考えます。手探りで前に進み、議論が導くところへとついていくことで、自分のこれまでの考え方を検討するのです。

グループからクラスへ　まだ参加者が対話に慣れていなかったり、クラスの人数が多すぎたりして、対話がしにくい場合には、最初は少人数のグループで話し合い、その後にクラスで話し合うようにしてもよいでしょう。

質問の出し方が重要　対話を哲学的に深くしていくのは、質問によってです。質問で重要なのは、議論が深まるように質問を出すことです。発言に対して、主張が明確になり、主張も根っこにあるより深い主張や前提を発言者が気づくまで、「〜ってどういう意味ですか」「〜なのはなぜですか」といった簡単な質問を繰り返してよいでしょう。

以下にいくつかの重要な質問の例を挙げておきます。これらの質問をお互いにすることによって自分の発言について深く考えられるようになりますし、対話の内容も深まっていきます。最初から以下の七つを使いこなすのは難しいかもしれませんが、とくに最初の三つは大切な質問です。授業の最初で説明しておくのがよいでしょう。④から⑦は少し難しいので、使うのは対話に慣れてきてからでよいでしょう。

【質問の例】

①**「～ってどういう意味ですか」「～はどう定義しますか」**（意味の明確化）　曖昧だったり多義的な言葉をきちんと定義したり、意味を明確にするように求めます。

②**「なぜですか」「どうしてそう言えるのですか」**（理由）　哲学でもっとも大切な問いは理由を尋ねる問いです。どんな主張であれ、四～五回「なぜ」と問うと哲学的なレベルに到達するように思います。

③**「そう言える証拠がありますか」「何か具体例はありますか」**（証拠）　述べた主張を支える根拠として、証拠や具体例を挙げられるかを尋ねます。対話している最中ですので、データを持ってくることは難しいでしょうが、どういう情報のリソースに基づいてそういう主張をしたのかを確かめることができます。たとえば、友だちからのただの風聞なのか、新聞やテレビのニュースで聞いたのか、どんな本から仕入れた情報なのかなどを聞くのです。具体例を描写してもらうことにも意味があります。

④**「それは本当ですか」「どうやったらそれが真実だと確かめられますか」**（真偽） 主張したことが本当に正しいのか、真理なのかを反省的に確かめてもらいます。あるいは、どうしたらそれが真実だと分かるのか確かめる方法を聞いてみます。

⑤**「それはいつも当てはまりますか」「反例はないのですか」**（一般化） 主張がつねに当てはまるのか、それとも特定の場合にしか妥当性がないのかを確かめます。あまりに大ざっぱに普遍化したり、一般化しようとしたりする主張に対して質問します。

⑥**「その考えには何か前提があるのではないですか」「どうして、そういう考えが生まれるのですか」**（前提） ある人の主張が飛躍していたり、理解できない場合には、共有できていない前提がある可能性があります。必要なときには、主張する人の議論が暗黙のうちに仮定している前提をつまびらかにする質問をします。

⑦**「そうだとすると、どういうことになるでしょうか」「その主張通りだと、最終的にどうなるでしょうか」**（含意） ある主張を推し進めたときに、どのような結果になるのかを問います。また、ある前提からどのような帰結が得られるかを推論します。

違いや一致点を確認し合う 個々人の発言は、それぞれ文脈の違いやニュアンスの違いを持っています。それをあまり大まかにまとめてしまわないで、どのような違いがあるかに敏感になります。

対話の進行を調整する　これはとくにファシリテーターの役割です。対話が速くなりすぎてしまって、一部の人たちだけが話しているような状態になると、みんなで対話していることになりません。そうした場合には、参加者の誰かにこれまでの議論の流れを要約してもらったり、もともとの問題に戻るなりして早さを調整します。また議論がある方向で煮詰まってしまい、展開しなくなったら、テーマを変えてみたり、少しもとの議論に戻ったり、これまで発言していなかった人に当てて別の観点を出してもらったりします。

発言を分析する　哲学対話の特徴は、自分の発言を反省する点にあります。シンガポールのこども哲学の実践家であるケネス・ロー（Kenneth Low）氏は、ディスカッション・ボードという大型の模造紙一枚くらいの図を用いて、生徒が今の自分の発言がどのような発言であるかを分析させながら対話をさせています。ディスカッション・ボードにはいくつかの丸い輪が描いてあり、そのなかには「新しい論点」「意味の明確化」「賛成、追加」「反論、反例」「議論が脱線してます」と発言の種類が書いてあります。そのボードを、輪になっている生徒の真ん中の床に置き、生徒は発言すると横に積んである切符くらいの厚紙（コインのようなものでもよい）をとって、自分の発言がその五つの分類のどれに当てはまるかを考えて、厚紙をボードの上に置きます。次ページの絵のように、ボードを作って、持ち上げて使ってもいいです。こうすると、発言の

ディスカッション・ボード（ケネス・ロー氏が2008年に作成したものの翻訳）

やりとりのスピードは落ちるのですが、自分の発言がどのような種類のものかを分析しながら、発言をするようになります。このように思考を可視化して明示的にするのは、思考教育としてとても有効です。

対話を促進するスキル　ファシリテーターは、以下のような細かい技術を用いて、対話を促進させることができます。

①思考タイムづくり　考える時間をとります。質問が出てきたときに、ファシリテーターが「少し考えてみましょう」と言って、生徒がすぐに手を挙げて話し始める前に、多少の時間をとり

ます。生徒が解答しても、やはり少し時間をとってから質問したり、次の意見を聞いたりするようにします。あるいは、議論が錯綜したり、いくつかの立場に分かれたりしたときには、しばらく考える時間をとってそれぞれに自分の考えをまとめてもらいます。

②まとめてもらう　誰かの発言が複雑だったり、あまりまとまっていなかったりした場合には、他の誰かに要約をしてもらい、そのまとめでよいか本人に聞いてみます。あるいは、全体の議論が速くなりすぎたり、どこの話をしているのか錯綜してきた場合には、誰かにこれまでの流れをまとめてもらいます。

③全員に解答してもらう　何かの質問が出たり、複数の対立する立場が出たりした場合には、「今の考えに反対の人（賛成の人）は手を挙げてください」とか、「Aさんの意見に近い人は手を挙げて、じゃ、Bさんの意見に近い人は手を挙げてください」と全員の意見を聞いてみるのもよいでしょう。手を挙げた人のなかで、これまであまり発言していなかった人を指して、発言してもらうのもよいでしょう。全員に横回しで次々に意見を聞いていくのもひとつの手です。

④追いかけ質問をする　誰かの発言の後に、もう少し詳しく述べてもらうために、「この言葉の意味が分かりません」「ここを詳しく説明してください」「ここはなぜそう思うのですか」「例を挙げてください」といった説明を求める単純な追いかけ質問をしてもらいます。全体としていつも生徒には質問を促すようにします。

⑤あえて弁護論・あえて反対論　議論の技術のなかには「悪魔の弁護人」という考え方があります。悪魔のやることは悪いに決まっているのですが、それでもあえて弁護してみるという態度です。普通に考えると納得できてしまう主張にも、やや無理矢理に、あえて反対論を考えてみることもそうです。議論が一方的に決まってしまいそうなときに、この「あえて弁護する・あえて反対する」役割を引き受けてくれる人を求めます。一見すると正しそうな考え方にも意外な落とし穴があることが分かります。

⑥代案の提案　正しそうな解決案や解答が得られても、それだけで満足せずに、その代わりとなるアイデアを求めます。後から思いついた方がよいこともありますし、最初のものが最善であったというのは、代案が見つかったから言えることです。

(4) 対話を振り返り、吟味する

対話についての反省　先に紹介したロー氏の「ディスカッション・ボード」もそうですが、哲学対話の特徴は、行われた対話についてさらに反省的な対話を行うことです。つまり、テーマについての哲学対話が終了した後に、メタ・ダイアローグを行うのです。（「メタ」というのは、「高次の立場からの」とか「第二階の」とかいった意味で、この場合、メタ・ダイアローグとは、行ったダイアローグ（対話）について反省的に話し合うダイアローグという意味で、一種の反省会です。）先ほどまで行われたディスカッションを振り返り、自己評価し、自分たちの議論の成果を吟味するのです。

自己評価　対話が終わった後に、以下のようなことをクラスの生徒に尋ねてみます。応答は、「ハイ」だったら手を上に、「普通」だったら手を前に、「イイエ」だったら手を下にするなどという形で決めて一斉に返事をしてもらいます。以下に質問の例を挙げておきます。これら以外にもいろいろな質問がありえると思います。

自己評価のための質問の例

①あなたは人の話をきちんと聞けましたか。
②あなたは十分に発言できましたか。
③あなたはたくさん考えましたか。
④私たちは対話に集中していましたか。
⑤私たちはテーマを掘り下げたでしょうか。よい議論ができたでしょうか。
⑥あなたは何か新しいことを学びましたか。新しい考えが浮かびましたか。
⑦対話は興味深く、楽しかったですか。

対話の吟味　もう少し詳しく対話についての反省を生徒に聞いてみるのも有益です。たとえば、全体としての議論が深まったか、よい質問が出たか、新しい視点から問題を掘り下げることができたか、問いの解答に迫ることができたか、新しい発見があったか、ファシリテーションでさらに改良すべき点があったか、などを生徒に話してもらいます。誰の発言がとくに新しい視点をもたらしたかとか、誰の質問が議論を展開させたかとか個々の発言を思い出してもらって相互評価することもよいでしょう。簡単な感想文を書いてもらうのもよいかもしれません。

さらなる進展　学年が上である場合には、対話で出てきた議論を、アカデミックな哲学で使われている問いや概念と結びつけて、次回以降にさらに対話を深めることができます。ただし、自分たちの議論が過去の議論とどう違うのか、その文脈や背景の違い、ニュアンスの違いにも敏感になって、自分たちの話し合いが単に過去の哲学の理論に還元されてしまうことがないようにします。アカデミックな哲学の問いや概念をさらに自分たち流に発展させていきます。

3 こどもから言葉が出ないときどうするか

あわてない

先のマシューズの指摘にあるように、哲学対話においては、大人とこどものあいだにこれまで経験したことのない関係、すなわち、先生が生徒に、あるいは大人がこどもに対して、一方的に優位に立つのではないような関係が樹立されます。しかしながら、それによって先生や大人の重要性が減じたわけではありません。哲学対話がうまくいくかどうかは、もちろん指導する大人次第なのです。大人自身が、哲学対話の探求の持つ意義をしっかりと理解し、それを、身をもってこどもに伝えられるかどうかが一番重要なことでしょう。それは大人や先生自身が、哲学対話というオープンエンドな自己認識であり、自己変容であるような探求にこどもと一緒に出かけるのだという姿勢を持てるのかということです。林竹二はそれを、「こどもと一緒に生きる時間を持つこと」と端的に表現しています。まさしくその通りだと思います。

　哲学対話を対話とコミュニケーションの教育として見た場合には、映画を紹介したところで説明した通りに、教室での先生のもっとも重要な役割とは、教室にセイフティをもたらし、それを観察、維持することです。そのためには、各人が発言する権利も沈黙する権利もあること、そしてクラスの誰もが、とくに先生が、あなたを理解したがっているという態度をしっかりと示すことです。

　また重要なことは、繰り返しになりますが、「**急がなくてもいい**」ということです。必要なだけ沈思黙考すること、誰かが話すのをゆっくり待ってあげられること、「**じっと時を待つ**」**ことが先生にできるかどうかがとても大切なのです**。

　大人自身が、こどもの意見や考えを聞きたい、聞いて勉強したい、もっと考えを深めたいと本気で熱心に思わなければなりません。大人は、自分自身が間違う可能性に満ちたひとりの人間であることを自覚して、そう振る舞わなければなりません。つまり、大人は自分の間違いや至らなさを認める準備がなくてはならないのです。無知であることを楽しみ、もっと深く考えようとして、新しい何かを求めて、結論を急ぐことなく、みんなと真剣に探求の冒険に出ることです。

哲学対話を思考の教育として見た場合には、大人や先生はよきファシリテーターでなければなりません。哲学対話のファシリテーターは、哲学史的な知識をたくさん持たなければならないわけではありません。しかし、共同体で展開される議論やこどもたちの思考が、批判的で、創造的で、ケア的になっているかを気遣う必要があります。こどもが自分の発言を反省的に捉えているか（たとえば、「以前はこう考えていたけど、間違いかもしれない」「誰それの質問を聞いて、自分が考えていたことが分かった」などといった発言に表れます）に注意します。

探求の初期には、大人がうまい質問をして、議論を深める介入を多めに行う必要があるでしょう。**哲学対話は、ただの会話やおしゃべりではありません。**かといって、最初から高度な発言を求めると一部のこどもしかついていけません。単に自分の意見を披露するだけの会話のレベルから、哲学的なレベルの対話にするのは、先に挙げたように理由や根拠、意味を確かめ合う質問をお互いに投げ合うことによってです。質問が発言者に反省と思考のきっかけを与え、それに応じていくことによって対話は哲学的なレベルに達していきます。大人は、「質問の例」で挙げたような質問を行って、質問のやり方をこどもたちに例示していくことが大切になります。そうして、徐々に、ゆっくりと時間をかけて、理由に関する問いを深めていく仕方、反例を見つけて問いかける仕方、ある意見が正しいかどうかはどうやれば示せるのかを、こどもに学んでいってもらいます。こどもが慣れてくれば、ときに甚だしく間違った意見を述べて、それに対する疑問や反論が出ることを期待してもよいでしょう。そのためには、大人が間違いうることをいつも示しておく必要があるでしょう。

大人自身の態度として注意すべき点をもう一度確認しておくと以下のようになります。

- ゆっくりとこどもの反応を待つ。
- 自分が間違ったり分からなかったりすることを表現する。
- こどもと一緒に探求をする。
- 議論を進め、思考を深める質問やコメントをする。
- こどもの思考が批判的で、創造的で、ケア的になっているかに注意する。

こどもに話してもらうために

最初は、対話を進めるためにファシリテーター自身が質問をすることが多くなるのですが、この大人の思考をこどもたちが引き継ぐことになりますので、自分の問いの出し方、コメントの出し方に繊細な注意が必要とされます。大人は、何よりもこどもたちが言おうとしていることに注意深く耳を傾け、こどもが言おうとしていることを明確に述べて、さらに質問に答えることによって自分で考えることを後押しするようにしなければなりません。それはこどもから教わろうとする気持ちを大人が持つことに他なりません。また、大人が質問するときや、こどもの話をまとめるときには、こどもの使った言葉を変えて質問したり、大人自身の言葉に言い換えて要約したりしては絶対にいけません。こどもの使う言葉をそのまま使いながら、あるいは、これはこういう意味とひとつひとつ丁寧に確かめながら、質問やまとめやコメントをしていくべきです。こどもの言葉は、それぞれのこどもの文脈で話されます。大人がこどもの言葉を変えて使ってしまうと、こどもの話す文脈を壊すことになり、発言が変わったり、発言できなくなるのです。

　そして、こどもどうしが対話を始めたならばなるべくゆっくりと見守り、あまりにかみ合わなくなってきたらはじめて、質問を出したり、誰かにまとめをしてもらったりすることで議論を響き合わせるようにします。こうして、できるだけこどもたちの自律性を尊重しながら、より深い対話と思考に至るように、過剰にならない範囲で介入します。そのさじ加減が、ファシリテーターの重要なスキルになります。**大人が過剰に介入してしまい、もっぱら大人が話して質問し、こどもが短く答えているようではまったくダメです。**他方で、話があまりに散漫になって、こどもからはテーマを掘り下げる意見や鋭い質問が出ないで、ただの世間話のようになったりしても思考は深まりません。

こども哲学の最終的な目標は、こどもたちが自分たちで探求し、ファシリテーションも自分たちで行えるようになることです。大人は、自分が例示したことを使って、こどもが自分独自の方法でできることを期待します。探求の共同体が成熟するにつれて、大人は介入しなくて済むようになり、ついに大人は、ある意味でこどもたちと同等な身分の参加者になっていきます。これが到達すべき共同体の姿です。

決まった子ばかり話しているときは

ただし、大人や教師の立場から気になるのは、こどもたちの間の発言回数がひどく不均等になることです。探求の共同体では、話すことを無理強いされることはありませんし、考えながら傾聴しているだけでも十分参加したことになります。ただ一部のこどもたちが何度も発言し、他のこどもたちがその会話の流れについていけないように感じていたとしたらよい議論とは言えません。ひとりの考えがみんなに共有されるというのが探求の共同体の考え方ですし、じっくり考える時間が必要だからです。

発言する人としない人が偏ってしまった場合には、その流れを変えるいくつかの方法があります。コミュニティボールのようなものがある場合には、横に流して全員に発言を求めるのもひとつです。基本的にスピードダウンする必要がありますので、一度流れを止めて、それまでの議論を誰かにまとめてもらうとか、これまでの議論をもとに戻して質問があるかどうかを聞いてみるのもよいでしょう。それまで出ていた意見に対して、賛成か反対かを全員に手を挙げてもらい、それまで話していない子に発言を求めるのもよいでしょう。

あるいは、私たちの実践では、発言チケットという道具を使うこともあります。クラスの最初に、たとえば、ひとりに三枚、発言チケット（切符くらいの大きさの厚手の色紙か、プラスティックの札）を渡して、時間中に最低一枚使うことを義務づけます。使い切ると話すことができなくなるというルールです。この道具を使うと、あわてて何でも発言しようとするこどもは落ち着きますし、引っ込み思案のこどもも話す習慣をつけてくれます。しかし、いろいろな道具にこだわるよりも、とにかく、ゆっくりとして、展開のスピードを落とすことが一番大切です。

クラスが活発に議論する状態に至るのには、一見、たいへんな努力と時間がいるようにみえますが、実際には、こどもたちの成長は驚くべきものです。私たちの経験では週一回の授業でも、一年たたないうちに成熟した探求の共同体ができることがしばしばです。小学校高学年や中学一年生くらいでも、大学の活発なゼミナールのような対話が可能になるのです。

4 続けるための声のかけ方

どのような時間に行うか

哲学対話の探求には、どの程度の時間が必要でしょうか。時間割に区切られた学校の授業のなかにどう組み込めばよいでしょうか。

哲学対話は幼稚園のこどもたちからできるのですが、もちろん、幼いほど集中力の持続にムラがあることは事実です。私の経験では、幼稚園児ですと十数分間しか集中できないこともあれば、一時間くらい対話できる場合もあります。しかし個人差もあり、こどもは生活の文脈に支配されやすいとも言えます。小学校の時間の区切りには、それなりの経験上の意味がありますので、学校生活やカリキュラムに合わせて実施していくことになるでしょう。

時間の割り振り方

私たちの実践では、「テキストを読む」「テーマと問題を決める」という過程で一時限（四〇〜五〇分）を使います。これはクラス全体のディスカッションになります。「探求的対話をする」

第１回（45分）

・導入	15分
↓	
・テキストを読む	5分
↓	
・テーマの設定	20分
↓	
・対話を振り返る	5分

第２回（45分）

・問題の設定	15分
↓	
・グループ・ディスカッション	25分
↓	
・対話を振り返る	5分

第３回（45分）

・クラス・ディスカッション	35分
↓	
・対話を振り返る	10分

ひとつのテーマを３回の授業に分けて話し合う

のに、少人数のグループでのディスカッションで一時限、クラス全体のディスカッションで一時限を使っています。「対話を振り返り、吟味する」ことは毎回、最後の一〇分程度を使って行います。ひとつの素材（テキスト）で三時限をかけて話し合うわけですが、全体としてこれ以上に短くすると、やはり急ぎすぎの感じが出てきます。

私たちの小中高等学校での実践では、三回を一まとまりとして、ひとつのテーマについて対話をしていきます。先生は、全体の流れと手順をしっかりとコントロールすべきですが、対話していくなかでの探求の内容は、こどもたちの共同体の望みと方向性にあわせなければならないことは、先に述べた通りです。授業の最後に先生が対話の内容を無理にまとめたりするのではなく、「対話を振り返る」こと、つまりメタ・ダイアローグで締めくくります。

さまざまな方法

以上に説明したのが、哲学対話の基本的な進行の手順と方法です。ですが、私たちは学校で実践するときには、学校のスケジュールや使える時間や参加人数、さらにどの科目のなかで行うかに応じて、さまざまな形の対話型授業を行っています。そのいくつかをご紹介します。

(1) 相互問答法（質問ゲーム）

これは小さなグループで行うことができる、質問を中心とした哲学対話です。以下のような手順で行います。

①四～七人くらいのグループを作って、丸くなって座ります。

②事前にみんなで考える問題を決めておきます。たとえば、「あなたはどんな人にもやさしくできますか?」とか、「どうして人間は存在しているの?」とかいった問いです。

③しばらく時間（一～二分）を与えて、各人に解答を考えてもらいます。

④ひとりの人に、問題に関する自分の解答を言ってもらいます。「あなたはどんな人にもやさしくできますか?」という問いに対して、「誰にもやさしくしたいと思いますし、そうすべきです」とか、「自分に対してもやさしくしてくれる人にはやさしくします」とかいった答えが出ます。

⑤残りの人は、ただ質問だけを順番にしていきます。たとえば、Aさんが「誰にもやさしくしたいと思いますし、そうすべきです」と解答したとすると、残りのBさん、Cさん、Dさんたちが、「どうしてそう思うのですか」とか、「悪人にもやさしくすべきですか」と

かいうように、次々に順番に質問します。Aさんは質問に答えていきます。

質問は、先ほど述べたような「なぜですか」「どういう意味ですか」「具体例を挙げられますか」「一般化できますか」「こういう場合はどうでしょう」といった単純な質問でよいのです。質問者はただ質問だけして、意見やコメントを述べてはいけません。質問はイエスかノーかで答えられるものよりも、解答するのに説明が必要なものがよいでしょう。

⑥時間（五分程度がよいです）を決めておいて、そのあいだAさんに順番にぐるぐる質問を続けて、時間がたったら解答者を交代します。次は、Bさんが解答を言って、Aさん、Cさん、Dさんたちが同じように質問していきます。全員が解答するように順番に進めていきます。この場合、五分かける四名ですので二〇分で終わります。

この方法は、ファシリテーターがいなくても哲学対話ができる点に特徴があります。少人数でやりますので、全員がまんべんなく話すことができますし、とてもよい質問の練習になります。ただし、詰問調になってしまうと、解答者が話しにくくなってしまいますので注意してください。一種のアイスブレイキングやウォーミングアップとして使うこともできます。

誰にでも やさしくしないと いけないと思います
悪い人にもですか？
悪い人にもやさしくすべきです！
どうしてそう思うのですか？
悪い人だって 人間だからです！

相互問答法の進め方

（2）大人数授業での方法──シンポジウム方式

ときに私たちは小中高等学校全体や学年全体を対象にした特別授業（あるいは、講演）として哲学対話を行うことがあります。人数は二〇〇～三〇〇人となることもあります。大学の授業でもそうした大人数の場合があります。人数が多いとどうしても参加度は弱くなり、探求の共同体として機能することは困難です。それが単発の特別授業や講演であれば、なおさらです。イベントのような試みにおいて、哲学対話の効果を十分に実感することは難しいでしょう。

しかし、そうしたなかでも哲学対話の面白さの一端を知っていただくことは十分可能です。

私たちは以下のような手順で大人数での哲学対話をしています。

①**哲学対話の紹介**　哲学対話の目的や意義、方法や手順を説明します。

②**問いの提示**　用意した問いを提示します。

③**小グループでのグループ・ディスカッション（全員参加）**　四～五名に分かれて、問いについてグループでディスカッションします。相互問答法でもよいです。

④**代表討論**　希望者・指名した生徒を一〇～一五名ほど前（壇上）に出して、ファシリテーターが司会をして、同じ問いについてさらに深めた議論をしていきます。ここではコミュ

ニティボールを使ってもよいでしょう。

⑤全体討論　代表討論で話された内容に関して、フロアの生徒たちに質問や意見があるかを聞いて、代表生徒とフロアの生徒でシンポジウムのように議論をしてもらいます。

⑥メタ・ダイアローグ　何人かの生徒を指名して哲学対話全体の感想を聞きます。最後に全員に自己評価を行ってもらいます。

このやり方は、前半のグループ・ディスカッションで全員に問いについて考えてもらい、つぎに学会で行うシンポジウムのような討論の形式をとります。すなわち、代表者を壇上にあげて、ファシリテーターが主導しながら代表討論をしてもらい、問いについての議論をさらに深めます。そして、最後にシンポジウムでの質疑応答のように、壇上とフロアの全員参加で議論してもらうという趣向です（一八三ページのイメージ図を参照）。この手順で行うと全体で九〇分くらいは最低かかりますが、全体を少しずつ短縮することも可能です。

かなり人数が多くても実行可能で、生徒の集中力が途切れずに議論することができます。壇上でファシリテーターが見本的な質問やコメントを出すことによって、フロアの生徒たちは、対話の進め方や深め方を学んでいきます。大学の講義でもとても有効に機能するやり方です。

(3) 二重円法 (きんぎょ鉢型)

生徒をふたつのグループに分け、それぞれを対話するグループとそれを観察して報告するグループとして、交代で対話する方式です(左ページのイメージ図を参照)。つまり、観察するグループは、メタ・ダイアローグ的に対話している生徒たちの発言を分析するのです。やり方は以下の通りです。

①第一のグループが円形になって座って、通常通りに哲学対話を行います。第二のグループは第一のグループの後ろに座り、ノートをとりながら第一のグループの議論の進行を観察します。観察グループは、議論はどのように進行したか、どのような発言や質問が議論を深めたか、どのような発言や質問が新しい視点や話題の変化を議論にもたらしたか、ファシリテーターの進行はどうだったかなどをノートに記録します。

②第一のグループと第二のグループの位置を交代します。内側の人が外側のイスに座り、外側の人が内側のイスに座ります。第二グループは、第一グループが進行させた地点から対話を続行させます。今度は、第一グループが第二グループの対話を観察し、同様の仕方でノートをとりながら分析します。

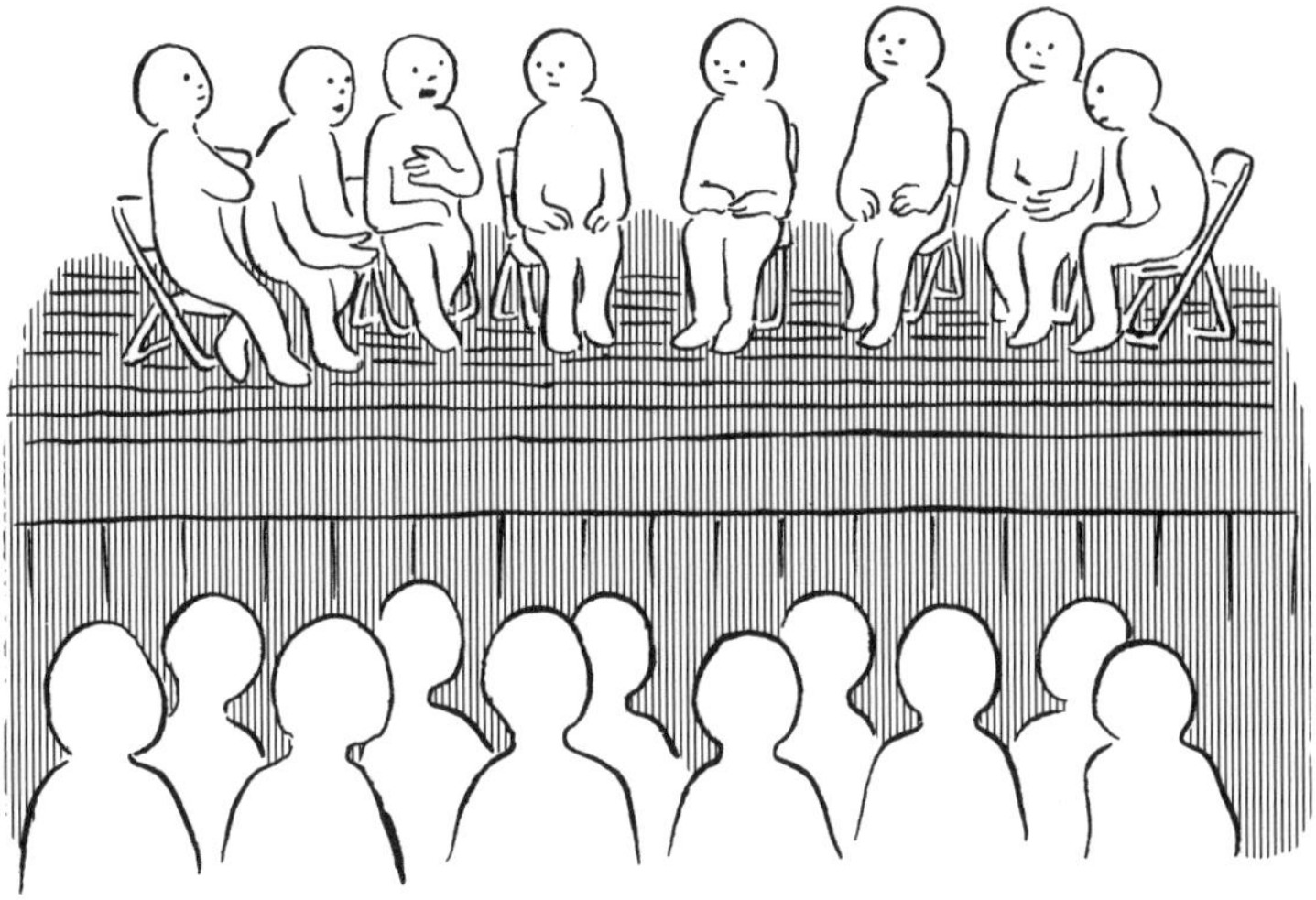

シンポジウム方式

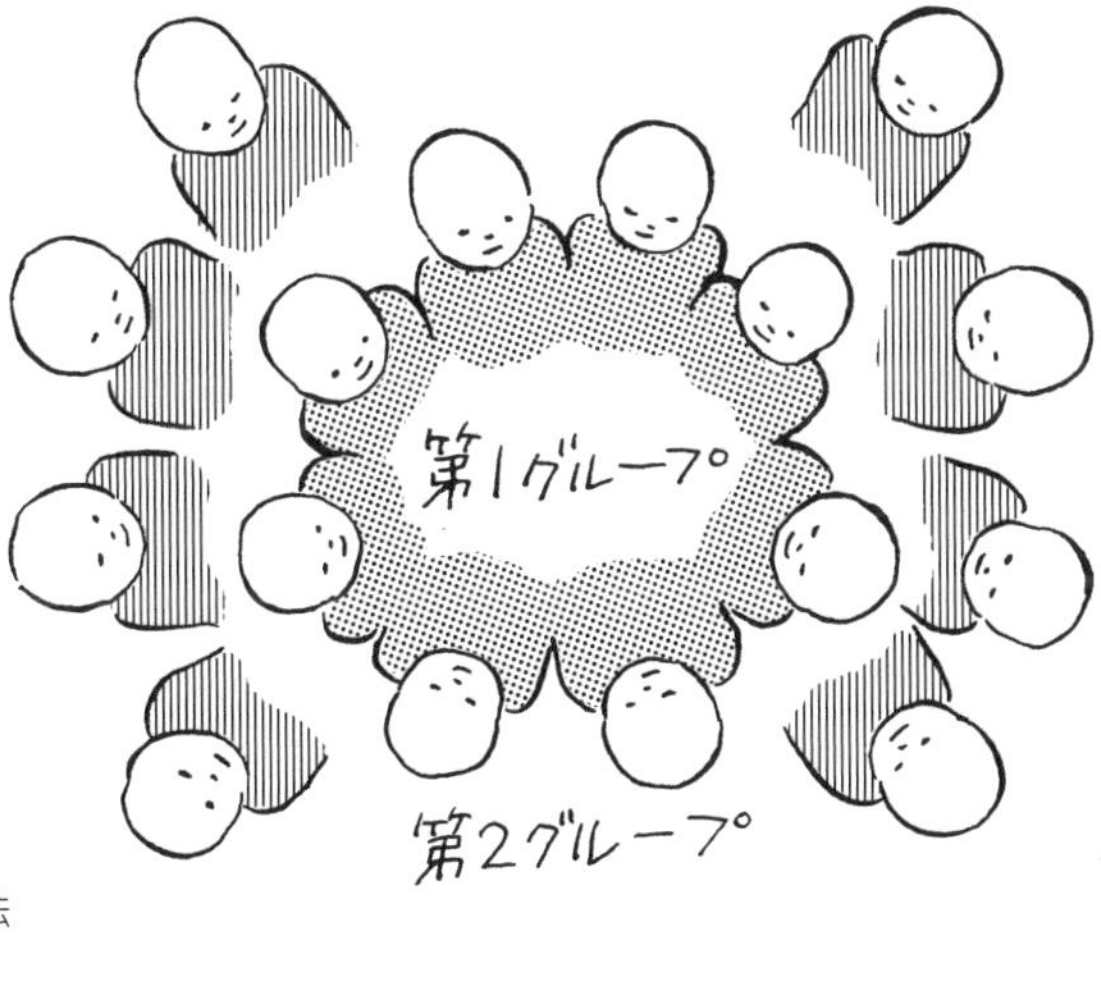

二重円法

③両方の対話が終わったところで、メタ・ダイアローグを行います。

このやり方にはふたつの意義があります。ひとつは、実際に進行している対話の分析をすることで、対話についての生徒の反省的で分析的な意識を強めることです。メタ・ダイアローグにおけるメタ認知的な効果が高まり、どのような発言や質問が議論を進展させ、深化させるのかを理解するようになります。第二に、クラスをふたつに分割するために、大きすぎるクラスでは発言しづらかった生徒も、小さなグループでは発言しやすくなります。

教材、テキストの選び方

哲学対話がうまくいくためには、テキストや教材の選定が大切です。最初に読んでもらうテキストや教材が思考を触発する内容を持っていないと、なかなか対話は発展していきません。テキストは、「哲学小説」と呼ばれるリップマンが開発した教材のようなものや、物語、絵本、マンガ、映画など、種類は何でも構いません。リップマンは、一九七〇年代にこども哲学の授業用教材を開発しました。小学校高学年用の『ハリー・ストットルマイヤーの発見』、小学校低学年用の『キオとガス』、小学校中学年用で意味の問題を扱った『ピクシー』、中学生用で倫理の問題を扱った『リサ』、高校用で社会に関係する問題を扱った『マーク』などがあります。各教材には、そのための分厚い教員用マニュアルも用意されていて、解説や練習問題、発問例などが載っています。

たとえば、『リサ』の第二章冒頭では、互酬性（借りたことを返す義務）がテーマになっています。お金を借りたので次に返そうとすること、いじわるされたことに対してやり返すこと、何かしてあげたことに対して返礼を求めることが、短い物語になっていて、どの行為に互酬性として正当性があり、どの行為には正当性がないかについて議論するようにできています。リップマンの教材は、残念ながら、まだ邦訳されていません。

私たちが翻訳した、シャロン・M・ケイとポール・トムソンの『中学生からの対話する哲学教室』は、リップマン的な授業に対応するようにできています。最初の部分は、生徒にとって同年代の若者どうしの対話（二一～三ページ）になっています。ある論点をめぐって対立していたり、意見が食い違っていたりする状況です。対話文の後にいくつかの問題が提示されています。そしてその後に、伝統的な哲学の説が、対話と対応させながら紹介されています。

　梨花と佳代子は、地元の病院内にある新生児のための治療室でボランティアをしています。ふたりとも医師を目指しているのです。（略）

梨花　ここで働くのって辛いわ。助かったとしたって、ほとんどの子が一生の傷を負ってしまったり、手足が不自由だったり、知能障害を負ってしまったり……。ときどき考えちゃうの、あの子たちは生まれてこないほうがよかったんじゃないかって。

佳代子　そんなこといわないで！　完璧じゃなくたって、生きていたほうがいいでしょ。

梨花　私にはそこがわからないのよ。財前先生がいってたでしょ、だいたいの病気は妊娠中にわかるって。お腹の子に異常があるってわかったら、妊婦さんは産むのをやめて新しい妊娠を目指すべき、そう思うの。

佳代子　〔ショックを受ける〕中絶するってこと？　中絶には反対だわ。人の生命は神様からの神聖な贈り物なのよ。

梨花　私は、そうは思わない。人の生命は、適者生存の産物よ。単純な生命のかたちから何百万年もかけて進化して、適応しないものは……。

（『中学生からの対話する哲学教室』第四章より）

さらにこの教科書の面白い点は、対話だけではなく、クラスや学校のなかでできる「活動」として議論以外の作文や詩の作成、言語以外の表現活動、映画鑑賞などの課題が提示されており、それに加えて、「社会活動段階」という項目が加えられていることです。たとえば、「第六

章　嘘をつくことはつねに悪いことか」では、「グループを作って、政治家がついた嘘を暴いた手紙を、地域の新聞の編集者宛てに書きなさい」といった課題が与えられています。「第九章　差別とは何か」で示唆されている社会活動は、「政治的な差別抗議活動に加わりなさい」「地方議員に、あなたに関係してくる市民権の問題について質問状を送りなさい」「選挙のときに投票場のボランティアをやりなさい」といった社会活動への参加が促されています。

哲学、とくに道徳的な哲学は実生活と結びついていなければならない、学校のなかだけで、アカデミズムのなかだけで閉じていてはいけない、という筆者の考えが窺えます。

相互問答法に向いているのが、オスカー・ブルニフィエの絵本『こども哲学』シリーズ（朝日出版社、二〇〇六〜二〇〇七年。二〇二〇年に新版が刊行）です（作家の重松清が日本語版を監修しています）。これはとてもよくできた絵本のシリーズです。

各巻が、「人生って、なに？」「よいこととわるいことって、なに？」「自分って、なに？」「きもちって、なに？」といったように哲学の重要テーマを取り上げています。それぞれひとつの巻のなかで、さまざまなテーマ、たとえば、しあわせ、不幸、存在、人生の意味、死といったテーマが扱われています。そこで、さらに「しあわせ」というテーマを見ると、質問が提示してあります。「しあわせっておもうのはどんなとき？」それに対して、いくつかの解答が示してあります。

「いい点とったとき」

「すきなことをしてるとき」

「おおきくなって、おかねもちになれたら、しあわせ」

「ともだちいっぱいできたとき」

「けんかしないですんだとき。あと、しかられないですんだとき」

「したいことなーんでもできるとき」


これらのなかからひとつ解答を選ぶと、さらに、質問が書いてあります。たとえば、「いい点とったとき」を選ぶと、「そうだね、でも…」


「わるい点とったら、お先まっくら？」

「いい点とるのは、誰のため？　自分？　それとも、親のため？」

「ちんぷんかんぷんでも、いい点なら、それでいい？」


といった具合に続きます。この問いに付き合うことで、思考は深まり、自分がなぜいい点をとったときにしあわせと感じるのか、なぜ他のことではなくていい点をとったときなのかなどについて考えさせてくれます。自分の価値観に即しながらも、その価値観に揺さぶりをかけ、それをあらためて問い直す批判的な思考を自然に行うことができます。

このテキストを、相互問答法で問いや解答の事例として使うのもよいですし、ひとりで読んで考えても面白いでしょう。テーマも問いも、実に注意深く選ばれています。ブルニフィエの本は、哲学的な問答とは何であるかをきわめて明確に、分かりやすく示しています。その本の流れのような問答を行っていくことが哲学対話だと言えるでしょう。

これら以外にも哲学対話のための教材は存在しています。同じブルニフィエの『はじめての哲学』シリーズ（藤田尊潮訳、世界文化社、二〇一一～二〇一二年）は、ひとつのテーマに関して対立する考え方を紹介して、読者にも考えてもらおうとするシリーズです。たとえば、「よいこと　わるいこと」の冒頭では、よいこととわるいことにはっきりとした境界線があると考える立場とその線は曖昧だと考える立場が紹介されます。読者は自分ならどちらの立場に賛成できるのか、その理由を考えながら読んでいくことになります。

また、ブリジット・ラベとミシェル・ピュエシュによる『哲学のおやつ』シリーズ（高橋啓訳、NHK出版）もすぐれたテキストです。「ゆっくりとはやく」「泣くと笑う」「生きると死ぬ」「知っていると知らない」「うそとホント」などといったように、対立する概念を取り上げて、身近な言葉でそれらについて考えることを促すテキストになっています。テキストには、かなりしっかりと哲学的主張が書かれています。これらを読んだあとに、生徒に感想を述べてもらい、そこからみんなで議論する問いを決めていくやり方ができるでしょう。

英語やフランス語では、こうしたこども哲学専用の教科書がたくさん出ていますが、日本でも徐々に出版数が増えています。しかし、とくに専用のテキストがなくても、さまざまな物語、絵本、マンガ、映画を題材にして哲学対話をすることができます。絵本にはすばらしい素材があります。絵本は幼稚園から大人まで哲学対話の素材として使うことができるでしょう。

すでにここまで本書を読んでいただいた方にはお分かりのように、**最初から教訓じみた著作や絵本では、あまり対話は促進しません**。もちろん、どんな内容でも哲学対話は可能です。一見すると、疑いようのない教訓があると思われる物語でも、哲学対話では質問や吟味をたくさん受けることになり、その教訓なるものは根底から、その妥当性を問い直されることでしょう。ですが、そうしたテキストは主張が明確なので、何が主張されているのかがはっきりしています。検討すべき主張がときにあまりに素朴で明瞭な場合には、あまり対話は膨らみません。それよりはテキストの内容に解釈の余地のある複数のテーマが含まれていて、「何を問題にしたらよいか」「このテキストはどのような考えが含まれているのか」から議論しなければならないような内容の方が、対話が豊かになります。

5 自由に話が進むことをおそれない

こどもも大人も同じ

これまで述べてきた対話による教育に疑問や不安を覚える人もいることでしょう。従来、「チョーク・アンド・トーク」と呼ばれる知識をこどもに教授するタイプの授業を行ってきた先生たちにとって、こども哲学はあまりに見慣れないやり方に思われるかもしれません。とくに、道徳の問題のようにこどもの心に深く立ち入る問題について、こどもどうしで議論させることに不安を感じる人がいることでしょう。

これらの不安は、はじめて対話教育をしようとする教師が持って当然の不安です。しかし、これまで私たちは数え切れないほどさまざまなテーマで哲学対話をしてきましたし、その多くは道徳的なテーマでした。しかし、こどもたちの議論の方が、大人と比べて、特別に不道徳だったり非合理だったりする方向にいきやすいと思ったことは一度もありません。それどころか個人的には、こどもの道徳判断を「ずいぶん真面目で常識的だな」（これは考え方がやや硬すぎる、柔軟性に欠けるといった意味も含みます。）と感じることの方が圧倒的に多かったのです。しかし、対話教育に不安を持たれる方の典型的な疑問にお答えしておきたいと思います。

まず、対話において、到底受け入れられないような意見が出るのではないかと疑念を抱く人もいることでしょう。しかし繰り返しますが、大人も教師も、探求の共同体では、自分自身の考えに対して批判的にならなくてはなりません。対話はときに自分の価値観を揺るがし、自分の常識の足をすくうかもしれません。哲学対話においては、私たちの先入観や古臭い常識が揺さぶられ、対話による検討のなかを生き残った意見のみが信じるにたる確かさを増していくのです。先生がある生徒の意見を受け入れられないと感じても、その生徒の意見に妥当性はないかどうか、そして、自分が信じている主張にどのくらいの根拠があるのかを検討しなければなりません。

また、哲学対話の特性として、ある科目の暗黙の約束事や無自覚の前提を明るみに出して、それを検討する方向にいくことがあります。たとえば、歴史の授業で哲学対話をやれば、生徒たちは、現在の歴史記述のなかでまったく日が当たらない地域や人びとがいることに気がつくことがあるかもしれません。歴史は人間を不平等に扱っていることが暴かれます。そうしたことが生徒によって議論されたときには、歴史という科目で一定の内容を教育することの根拠が問われているのです。そうした問いは、まさしく歴史学の根幹に関わる問いであり、歴史哲学と呼ばれる分野の問いなのです。歴史哲学について考えておくことは、歴史を教える者の義務です。哲学対話におけるこどもの問いは、教師がそうした義務を果たしているかという問いかけなのです。

探求の共同体で規範として存在するのは、相互尊重だけだと言ってよいでしょう。誰でもが自由に自分の意見を言うことができ、他人の意見はきちんと尊重されなければなりません。この手続き的な規範だけが、探求の共同体の守るべき唯一の価値です。共同体における議論は、結果として、かならずしも参加者全員が一致した答えに到達するものではありません。したがって、哲学対話が取り上げる問題についてもひとつの結論に落ち着くことはまれでしょう。ところが、対話の過程のなかで、根拠がなかったり、適用できる範囲が狭かったり、偏った一方的な見方をしていたり、論理が飛躍していたりするような主張も次々に退けられていきます。検討が繰り返され、多様な意見が出されれば出されるほど、しっかりとした根拠を持った意見だけが残っていきます。その結果、複数の意見が甲乙つけがたくすぐれていたり、少数意見であっても尊重するにたる意見が示されたりします。そうした多様性はむしろ望ましいものです。**いわゆる極論というものが議論の場を支配することを心配する先生がいますが、探求の共同体においてセイフティが保たれている限り、極論は意外に簡単に退けられていきます。**（哲学対話では、教科書に出てくる〝偉大な〟哲学者たちの極論が小学生たちによって見事に、しかも速やかに論破されていくのを見ることは珍しくありませんが、何とも言えず愉快な気持ちになります。）受け入れがたい極論とは、たいていの場合、検討不足の主張に過ぎません。もし何か極端と思われる意見が出されて、こどもの側から質問が出なければ、大人は「このような場合にはどうなるのか」といった問いを発して、新しい視点からその結論を検討する機会を与えてみるのがよいでしょう。

視点をかえられるようにする

こうした議論の安定性は、探求の共同体そのものの性質からくるものです。すなわち、誰もが自由な立場から発言できて、個々人が尊重されるという共同体の手続きから理性的な議論の展開が帰結するのです。したがって、共同体が不健全となったときには、議論も不健全になることがあります。この不健全さとは、内容の不健全さではなく、議論の手続きの不健全さです。

たとえば、クラスが険悪なムードになり、一部のこどもたちしか発言しなくなったときや、一部の影響力のあるこどもが支配的に話をして、他のみんなが口をつぐんだりしたとき、あるいは、暗黙の同調圧力がその場を支配していて、少数意見や反論、質問がまるで出ないような場合です。こうした集団は探求の共同体をなしておらず、議論は公平性や多元性に欠けてしまい、そこから出てくる結論もあからさまに偏ったものとなるのです。

　そこでのファシリテーターの役割は、まずは共同体のセイフティを回復させ、こどもたちのなかの多様な意見や質問を促すことです。何かの主張に対して質問をしたり、反例を考えたりするのは、探求の共同体の重要な方法論ですが、こどもがまだ対話に慣れていないときにはそれが難しいかもしれません。その場合には、ゆっくりと待って、質問や反例を考えてもらうのです。ときに人は自分の狭い経験に基づいて意見を出します。ファシリテーターは、その場の意見が偏った経験に基づいていると思ったら、多様で異質な観点を導入するために質問をしていくのがよいでしょう。ファシリテーターは、その場に欠けていると思われる立場や視点、たとえば、高齢者の立場から、移住者の立場から、障害者の立場から、女性の立場、外国に住む人たちの立場、何らかのマイノリティの立場から質問をしていくのです。

　先ほど議論の方法として、あえての反論やあえての擁護について述べました。到底支持されると思われない主張の擁護を買って出たり、どう考えても正しそうな主張にあえて異を唱えたりすることです。この役割を引き受けること自体は、議論を活性化しますので、基本的にたいへんよいことです。しかし、ときにこの役割を買って出たこどもの意見がすばらしく、みんなは受け入れられない極論だと思っていながらも、誰も再反論や反例を思いつかないような場合が起こります。こうした場合に反例や質問を促したり、自分で質問したりするのも、ファシリテーターの役目です。「何かちょっと直感的に変だなと思うのだけど、誰か反例や質問を思いつくかな」とか、「なんとなく納得いかない意見なんだけど、それが正しいとすると、どうなっちゃうのかな」とかいった促しや質問をするとよいでしょう。

こどもたちに学んでほしいのは、明らかに奇妙で偏った意見に対して、質問をしたり、反例や反論を出したりする検討能力です。この力を共同体での探求はだんだんに養っていきます。ただし、対話や議論にこどもたちが慣れていないときには、ファシリテーターである大人が批判的な思考をするための先例を示すべきでしょう。

議論による教育に対しては、教師の教育上の権威としての基盤が弱まることになるのではないかという意見があります。ある意味では、その通りなのです。というのは、こうした自分たちで何かのテーマを立てて、それを探求することは、単に教師の命令に従うだけではなく、自分で判断し行動する個人を形成すること、あるいは、自律的な共同体を作り出すことになるからです。教師に従順であるだけの存在は、人権の観点からも、民主主義社会の成員としても好ましいものではありません。文学であろうと、科学であろうと、社会科学であろうと、そこから与えられる情報を鵜呑みにせずに、自分自身で検討を加える態度を持つことは、ユネスコが指摘するように、自分の人権を自分で守り、民主主義社会を維持発展させる人物に必要な徳目です。それだけではなく、何か新しい文化や知識や社会制度を創造するにしても、自律的な思考力が求められていることは、これまで述べてきた通りです。

　道徳教育で求められているのも、同じく、自律的に道徳的な判断ができる人物です。自分で道徳的な問題について考えてみることをせずに、その場の流れや権威にやすやすと追随する人間は、決して道徳的たりえないでしょう。なぜなら、そこには自律的な道徳性の追究が欠けているからです。素直で従順なだけの人間が、じつは判断力と反省力に欠けた大衆として、ときにいかに不道徳な行動をするか、私たちは多くの例を知っています。教師が一方的な道徳的権威であることを弱め、こどもたちが道徳的な自律性を獲得していくことこそが、道徳教育の目的なのです。教師に道徳的な権威があるとすれば、それは各人が尊重される探求の共同体を作り出し、維持するように振る舞う点にこそ求められます。道徳的判断や行動に納得がいく理由や根拠を見出そうとする努力において教師は尊敬されることでしょう。このように、こども哲学は対話を通して、知的な自律性を持った人間を育もうとするのです。

6 次につながる評価のしかた

効果をはかりさらに発達を促すために

ここで、こうした対話型の授業をどう評価するかについて述べておきましょう。

哲学対話のような教育は評価すべきではないとの意見もあるでしょう。評価という基準を入れることで対話という生き物を型にはめてしまえば、その生き生きとした意味が台無しになってしまうと思われるかもしれません。また評価されると分かれば、生徒もその基準に合わせて固定的な態度や思考方法をとってしまうかもしれません。何より教師の権限があからさまになり、セイフティが確保されなくなると考える方もいるでしょう。

しかし、同じことはあらゆる教科に言えます。他の科目の評価は型にはまった評価をしてよいが、哲学は別だというのはおかしな話です。歴史はどうでもよいことを記憶させて、客観的に数値化できる記憶を測ればよいが、他方で、哲学にはいかなる評価もすべきではないというのは、偏った見方に思えます。歴史も単なる暗記科目であってはならず、算数・数字もただ機械的に計算の方法を憶えればよいものであってはならないのです。歴史教育とは、自分の関心に沿って過去の事実や来歴を発見する方法を教育するためのものであるはずです。算数や数字は、私たちが出会う現象を数学的に理解し予測するための方法論を学ぶものであるはずです。どの学科においても、批判的、創造的、ケア的思考と総合的な判断力が必要とされるのであり、そうした活動の評価が単純であるはずがありません。しかし評価は、私たちの自己改善にとって重要なきっかけになります。よき聴衆なくしてはよき音楽はなく、よき読者なくしてはよき文学はないでしょう。人からの評価を気にしないでよい立場に就いた人間がどれほど堕落するか、私たちは大人社会のなかでその実例をたくさん知っています。私たちは、クラスのセイフティを確保しながら、こどもの成長に役立つすぐれた評価法を開発していくべきです。

こども哲学を創始した人たちは、一九六〇年代より、探求のコミュニティのパフォーマンスをどのように評価すればよいかを工夫してきました（Splitter & Sharp, 1995）。方法は、推論スキルに関するニュージャージ型テストのような量的測定から、ディスカッション参加についての質的観察までさまざまな形を含んでいます。

批判的思考については、リチャード・ポール（Paul & Linda, 2007）の評価ルーブリックがすでによく知られています。それは、九つの批判的思考を行う能力の側面を評価するものです。その九つとは、「明確さ」「正確さ」「関連性」「詳細さ」（基本の四側面）、「公平さ」「幅広さ」「重要性」「論理性」「深さ」です。批判的思考の評価は、哲学対話の評価とまったく重なるわけではないですが、思考力と対話する力を評価する点においてはたいへんに参考になる評価軸です。

こうした評価には、二重の意味があります。第一に、対話型の授業の効果をはかるためです。先に述べたように、対話が思考力を伸ばすことはすでに検証されていますが、さらにどのような形の授業をすればさらに改善されるのかを知るためです。もうひとつは、こども個々人の思考力と対話力の発達を促すためにです。

対話の感想をチェックしてみよう

対話をそのまま評価するのではなく、書かれたものを評価することは、それほど難しいものではありません。たとえば、哲学対話を行った後に、今回のテーマについて対話を踏まえて自分の考えを書きなさいという課題を出して、評価することは可能でしょう。実際に、論述についての評価はすでに行われていますし、そのための評価方法も教育学ではずいぶん蓄積があるはずです。哲学対話においても、その文章に批判的思考、創造的思考、ケア的思考の要素がどれだけ含まれているかを見て評価すればよいでしょう。

批判的思考　説明（言葉を定義しているか、意味を明確にしているか）、根拠づけ（根拠や理由が正しく挙げられているか、反例が出せたか）、分析（複雑なものを要素へ分析できたか、比較や対照を行ったか、適切に問題を分類したか、カテゴリーを適切に使えたか）、論理性（論理的な展開ができたか、演繹や帰納を適切に行ったか、論理的な反論や批判ができたか）、反省性（自分の考えを議論のなかで点検したり、修正したりしたか）。

創造的思考　新しい考えを出せたか、仮説を立てられたか、他の可能性や代替案を提示できたか、想像や比喩、架空の事例を思いついたか、アイデアを展開できたか。

ケア的思考　議論している内容の価値を理解しているか、他人の反論や疑問を尊重できたか、自分以外に立場の視点に立てたか、自分や他の生徒の感情に配慮できていたか、自分の発言が他の生徒に及ぼす影響に意識を向けられたか、グループ全体での議論の成果に目を向けられていたか、他人の発言やグループの議論を展開したり、深めようとしたりしたか、他人の発言を適切に評価できたか。

これらを基準として、書いたものを評価することができるでしょう。

評価のポイント

しかしながら、これはあくまで書かれた思考を評価したものであり、対話を評価したとは言えません。書いたものだけを評価すると、書くのはうまくないけれども、対話を進めるのがうまいこどもを評価できなくなります。また書くのがうまくても、もう少し積極的に対話に参加してほしいこどもにそのことを伝えられなくなります。書いたものと違って、対話はどんどん進行するものですし、ときに寄り道や蛇行があります。対話での論理性は、書かれたもののように評価しやすいものではありません。対話を対話として評価するには、さらに以下のような点を評価しないとならないでしょう。

参加度　発言（質問、反論なども含む）の回数、他の生徒への質問やコメントをしたか、議論を展開し深めるような発言を行ったか、議論が行き詰まったときには方向を変える発言や角度を変える発言をしたか。

協力　他人の発言を考えながら聞いていたか（言語的・非言語的反応の両方を含む）、他人の立場に立って発言を検討したか、他人の発言に助け船を出したり、補助してあげたりしたか、他の生徒が話すのを促してあげたか（言語的・非言語的反応の両方）、他の生徒の発言とうまく絡んだ議論ができたか。

これらは、議論が進行しているときの発言や振る舞いですので、書いたもののなかには表れません。これらは生きた対話のなかで評価してあげる必要があります。進行している対話を評価することはたしかに難しい課題であり、現在でも完全な評価法が確立されているわけではありませんが、それでも有効な先行事例が存在しています。たとえば、先に触れたシンガポールのラッフルズ・インスティテューションでは、こどもが対話しているところを見えない場所から複数の先生が観察し評価するというかなり厳密な評価方法をとっています。これはなかなか大がかりです。ひとりの教員で評価する場合には、対話をビデオか録音機で記録しておき、ディスカッションの要素を書き起こして、分析することです。フィッシャー（Fisher, 2008、付録五）は以下のように分析方法を示しています。

①ディスカッション全体を追って、各生徒の発言の特徴を分析する。

②ディスカッション全体のなかでひとつの議論の流れを追ってみる。
③ディスカッションのなかでのひとりの生徒の発言を追う。
④誰が何回発言しているかを見る。ジェンダーバランスはどうか。
⑤先生と生徒の発言割合を分析する。
⑥議論のターニングポイントとなった発言に的を絞ってみる。
⑦以下の点に注意しながらひとつの議論の流れを分析してみる。

- その議論の焦点や目的、テーマは何か。
- ディスカッションのなかでその議論はどう位置づけられるか。
- どの発言がその流れを作ったか、誰が作ったか。先生か生徒か。
- その議論の流れを続けさせたのは、どの発言か。
- ディスカッションにおけるターニングポイントとなる発言は何か。
- 参加度や協力、批判的思考などを評価できる発言があったか。
- 他の議論の流れと比較して、個人やグループで発展があったか。
- この議論から、個人とグループは何を得ることができたか。
- この議論の流れは、授業の目当てに合っていたか、それを超えていたか、不足していたか。

・このディスカッションから教師であるあなたはファシリテーションのヒントを得られたか。

評価が生徒の成長を促すためであるとすれば、こどもはその評価に納得し、その評価に基づいて次の自分の授業や課題への取り組みを変えるようでなければなりません。こどもと保護者が評価に納得がいかなければ、授業内容や教師への信頼感も失われてしまいます。そのためにふたつのことを推薦できます。

ひとつは、評価そのものを対話的にすることです。生徒が何を学び、さらに発展するには何をすべきかについて、教師がこどもと話をするのです。単純な採点やグレードづけよりもはるかにこどもを伸ばすのに有効であることが、すでに実証されています（Black and Wiliam, 1998）。こどもの活動に対して点数をつけるだけでは、こどもは点数にばかり気がいってしまい、自分の活動そのものを振り返らなくなります。そこで、単に点数をつけるだけではなく、コメントを加えたうえで、対話をして評価することが推奨されます。対話による評価は、こどもに自分の活動についての創造的なフィードバックを与えるだけではなく、さらに学ぶためには何をすればよいかを知る機会を与えます。対話的な評価は、競争的で権威的ではない仕方で、こどもがよりよく学ぶことを援助することでしょう。

もうひとつの方法は、自己評価、相互評価です。こども哲学の指導書では、つねに、生徒自身による自己評価と、生徒どうしによる相互評価を推奨しています。

ラバティとグレゴリー（Laverty & Gregory, 2007）は左ページのような哲学対話の自己評価シートを作っています。自己評価は、自分で自発的に探求を推進し、自分で自分の能力を方向づけ、自己修正しながら成長していくために、とても有意義です。評価Dの項目のように、クラスで学んだことを一段高次の立場から、教育と学習の評価に結びつけている点に特徴があります。学んだことを、その授業時間限りのことにしないで、他の生活態度や社会改善に関連させるように促しています。

また、生徒の相互評価はたいへんに重要な方法です。生徒どうしで、一定の基準を持って互いの活動を評価させ、どの点がよかったのか、どうすればもっとよくなるかについてフィードバックを与えあうようにするのです。先述のフィッシャーは、九歳のクラスで以下の三つの原則を生徒に指示して、対話的な相互評価を行っています。

①他の生徒の活動を尊重して、否定しない。
②その生徒の活動のよい点について言ってあげる。
③どうすればもっとよくなるかアドバイスしてあげる。

ラバティとグレゴリーの教室対話評価表

名前：

以下のルーブリックを使いながら、それぞれの評価質問に解答しなさい。

期待通りにいかなかった	期待通りだった	期待以上にできた
(1)　　(2)	(3)　　(4)	(5)

評価質問 A：探求の認知的能力

1. あなたはどれくらいうまく推論できましたか？　1 2 3 4 5
2. あなたはどれくらい創造的に考えられましたか？　1 2 3 4 5
3. 他の人の考え方を公平に考慮できましたか？　1 2 3 4 5
4. 自分の考えを訂正することができましたか？　1 2 3 4 5

評価質問 B：探求の社会的能力

5. 注意深く人の話を聞きましたか？　1 2 3 4 5
6. どの程度、クラスの対話に貢献できましたか？　1 2 3 4 5
7. 対話の展開をうまく促すことができましたか？　1 2 3 4 5
8. 他人を尊重し、配慮してあげましたか？　1 2 3 4 5

評価質問 C：探求の成果

9. 探求はどのくらい進みましたか？　1 2 3 4 5
10. どのくらいテキストを理解しましたか？　1 2 3 4 5

評価質問 D：教育と学習に関連すること

11. 自分たちが話し合ったことと教室での民主主義の実践につながりがありましたか？　1 2 3 4 5
12. あなたは、人種や性差や階級との関連を考えてみましたか？　1 2 3 4 5
13. あなたは、さまざまな学び方や個々人の観点の違いにどの程度気づきましたか？　1 2 3 4 5
14. あなたは、社会正義や教育改革の問題に直面しましたか？　1 2 3 4 5

より細かく、評価する基準を挙げるならば、以下のような項目を挙げることができるでしょう。これらは、ひとりの生徒に対する評価としても、グループやクラス全体のディスカッションの評価としても利用できます。

質問ができたか　よい質問ができましたか、たくさん質問してあげられましたか、どんな種類の質問をしましたか、分からないときにしっかり質問できましたか。

議論ができたか　自分に対する質問や意見に応答できましたか、うまく話がかみ合いましたか、分からないところや根拠や証拠が弱いところを話し合いましたか、話が行き詰まったときにうまく展開する発言ができましたか。

聞くこと　他の生徒の話をよく聞けましたか、発言に応答したり質問したりしましたか、他人の発言を聞いて考えましたか。

発言すること　自分の意見が言えましたか、よい考えを言えましたか、言葉の意味や定義を考えながら発言しましたか、発言に理由や根拠がしっかりありましたか、みんな公平に発言できましたか。

反省すること　議論を聞いて考えが変わりましたか、議論から何を学びましたか、この議論は次にどんな展開ができますか、今回の議論のテーマや問いはどうだったでしょうか。

肝心なのは、対話活動の評価を個々人の活動の評価、それも個人の能力の評価へと還元してしまわないことです。哲学対話は、探求の共同体での共同作業です。個々人が共同体の一員として参加しながら、すぐれた議論をみんなで作っていくことが哲学対話の目的です。したがって、個々人の活動を評価するだけではなく、この集団的な目標をみんなで達成できたかを評価しなければなりません。そのために、グループ全体、クラス全体として議論がうまくいったのか、どこがよかったのか、どうすればさらによくなるかを、やはりグループやクラス全員で対話しながら、相互に評価していくことが求められます。哲学対話は、個人の思考力や対話力を伸ばすだけではなく、共同体を再構築する作業であることを思い出してください。グループ全体の状態をどう評価するかに関しては、現在、私たちのグループでは、二重円法で相互評価してもらったものを参照しながら判断していますが、さらに改善の余地があると思われます。今後の課題にしたいと思います。

7 科目ごとに取り入れてみよう

　これまで探求の共同体のなかで哲学対話の行い方について述べてきたのですが、実際の学校のカリキュラムのなかにどう取り込めばよいでしょうか。私たちは実際に学校で哲学対話を行うときには、さまざまな教科で行っています。総合的学習の時間や道徳の時間のように哲学対話を行うのに向いている時間を担当することもありますが、国語や理科、社会といった時間でも実践しています。

　哲学という科目に一番近いのは、日本では、高校での倫理や現代社会になるでしょう。経済や政治のような高校の科目との関連性もあきらかで、それらの科目ではすでにある種のディスカッション型の授業が行われていることもあるのですから、そこに哲学対話を取り入れていくのはそれほど難しいものとは思えません。中学高校での社会系科目との相性はよいものと思えます。

しかし、哲学教育が資するのは、これまで述べてきたように、思考力、判断力、表現力、コミュニケーション能力です。これはあらゆる学年のあらゆる科目における教育と結びつくはずです。また近年、文部科学省は、現代社会では、思考力、判断力、表現力を育む言語活動をすべての教科において充実すべきだと指摘しています。この方針はまったく妥当だと思います。哲学対話はそうした言語活動の一環として捉えることができるでしょう。実際に、私は中高の先生たちと哲学対話の開発に共同で取り組んでいますが、その先生たちの専門はさまざまです。小学校でもさまざまな科目のなかに哲学対話の方式を取り込む努力をしています。

哲学対話の最大の特徴は、ある科目に関わるテーマについて話し始めても、かならず他の科目や分野の話と関連してきてしまうことです。それらのどうしても関連してきてしまう話をうまく整理しながら、しかし同時に、関連性を失わないように議論するのが哲学です。以下のこどもによる「動物と人間の違い」をテーマとした対話の抜粋をご覧になってください。

T（教師）　人間と動物にはいっぱい違いがあると思う人、もう一度手を挙げてみて。どういうところに違いがあるか説明できる人、いませんか。

S（生徒）1　はい、えっと、動物は人間のように言葉を話すことができないので、なんか気持ちとか分かりづらいです。たとえば、犬とか猫とかそういう動物だったらちょっと分かるけど、魚とか虫とかになると分からなくなっちゃう。

T　んー……なるほど。他の人どうですか。

S2　えっと、言葉をほかの動物は話せないって言ってたんですけれども、人間に聞こえない音とかで話してる動物だっているかもしれないし、もしかしたら森のなかで鳥はしゃべってるかもしれないし、それは人間にはよく分からないことなので、そんなに違いはないと思います。

S3　やっぱり動物にしても人間にしても生きているのは一緒なんだし、あと犬とか猫とかはうれしかったりすると尻尾を振るとかそういう感情とかはあるのも一緒だし、違いがそんなに大きいわけではないし、やっぱりS2が言ったみたいに人間には分からない言葉で動物はしゃべってるかもしれないから、そんなに大きな違いはない。

T　なるほど。最初の意見は、人間と動物には言葉で違いがあるという話で、今の発言は感情の話でしたね。もうちょっと何かありますか。

S4　今まで言葉だとか感情だとか言ってきたじゃないですか。だけど、ほかの動物はもし感情がなかったとしても、それぞれ特別なものを持っているかもしれないから、そういうことにとらわれない方がいいと思いました。

T　ふ〜ん。今のどうですか？　みんな分かりましたか。僕は、後半と前半のつながりがいまひとつよく分かんなかったけど、最初のあたりでは言葉とか感情っていうのは人間が作ったものだから、それがなくても似たようなものがあるかもしれないってことですか。

S4　そういう意味じゃなくて、人間が持っているものと動物が持ってないもので比べるんじゃなくて、それぞれが違うものを持っているということです。

T　〝人間が持っているもので動物が持ってないものがある、だから、違いがあるよ〟っていう比較はあんまり意味がないってことね。動物は動物の目線で見なきゃいけないということね。みんなもよく考えてくださいね。動物の目線に立って何かをするっていうのはどうやってやったら、分かりますか。

（……沈黙）

S4　動物自身に人間がなることはまず無理です。僕はそこで、動物それぞれの視点から見るんじゃなくて、ここでは第三者から見て人間と動物が行っている言動とか行動とかそういう事実を見て、それで違いとかを比べるべきだって思います。動物の視点から見るとか人の視点から見るとかそういうことは考えない方がいいんじゃないかと思います。

T　なるほどね。なるほど。何か関連して話したいことがあれば発言してください。

（……沈黙）

Ｓ５　僕が思ったのはもともとの動物とかって能力とか特性とかあるじゃないですか。たとえばゴリラだったら力が強いとかワニだったら噛むのが強いとか……そのなかで人間は知識がすぐれているからしゃべれるとか、あといろんなものを自分たちで作れるとか、そういうことができるのであって、他の動物には他の力がいろいろあるじゃないですか。それが単に人間とほかの動物と違って、知能があったからいろんなものがそこから広がっていったってわけで、だからほかの動物にも特性がみんなあるから、それが広がっていくと思います。

Ｓ６　今のＳ５にちょっと似ているんですけど、まぁ人間は、知識があるから栄えてきたわけで、もともとは人間も同じ動物の一種類だから、ただ頭いいからというのはおかしいんじゃないかな。

Ｔ　頭いいから人間は偉いみたいな感じですか。

Ｓ６　はい。

Ｓ７　人間の方が偉いって思うのは当然って言ったら何なんですけど、でも偉いって思わないと、動物と人間とが対等みたいな感じになって、ちっちゃい虫とかとなんか同じって言われちゃうとちょっとなんか嫌だなと思います。

T　なるほど、なるほど。虫みたいのと一緒になるとちょっと嫌だけど、動物には感情が分かる種類もいるって言った人いたよね。

S1　そうです。猫とか犬とか尻尾振ったりするから。

T　とするとそれって感情を表せる動物と表せない動物がいるってこと。虫とかって本当に感情表せないの。

S8　虫もたとえば大型のある動物に襲われそうなやつに仲間どうしで危ないとかそういう感じのサインくらいは出してんじゃないかって思います。

T　うんうん……なるほど。

S9　えっと、なんか同等に扱うことと違いを見つめたり共通点を認めたりすることとは違うと思うんですよ。共通点と価値は違う問題だと思うんです。第三者から見たときに違いがあるだとか感情だとか表すかとかいう違いはあるのかっていう問題と、人間と動物は同等かっていう問題は違うと思いました。

T　ふーん、なるほど。みんな分かった今の意見。結構難しいけど、ちょっと発見がありましたね。人間と動物で何が違うのかって話をしていたんだよね。共通点と違う点の話をしていたけど、違いがあるってことと同等に扱えないってことは分けて考えていけるってことだよね。

（二〇一二年、埼玉県の中学一年生のクラス）

ここで議論されているのは、人間と動物の差異は質的なものであるか、量的なものであるかというテーマですが、いくつか重要な気づきが議論のなかから生まれています。動物と人間の差異や共通性を考える際に、どの視点から比べるのかという問題がそうです。動物自身の視点をとらなければ人間と比較しても仕方ないのではないかという発言に対して、人間が動物の視点をとることは不可能だという反論が出ます。人間は知能を発達させてきたが、動物はそれぞれの特性をそれぞれに発達させてきたので、人間の基準で測っても仕方ないという面白い意見もありました。また、後半での重要な指摘は、動物と人間を比較することは、客観的な類似や差異の指摘だけではなく、動物を人間並みに同等に扱えるのかという価値に関わる問題なのだという指摘です。もしかすると、動物と人間を比較しようとする問い自身が、価値によって導かれた問いなのかもしれません。そうした点に生徒たちは気づいています。動物と人間の比較は、生物学や人類学の問題であると同時に、倫理や道徳も絡んでくる問題でもあることを生徒は理解したわけです。

全体としてやや議論は錯綜していますが（でも大人の会話でも同じ程度に錯綜しています）、それ以外にも、もっとゆっくりと取り上げる価値のあるテーマがたくさん含まれていることに読者の皆さんはお気づきだと思います。哲学対話では、人間と動物をただ比較するのではなく、その問いがどういう問いであるか、何を答えればその問いに答えたことになるのかを考えるようになるのです。言い方を変えれば、哲学対話は、そのテーマに関する反省的な視点をもたらし、心理学的に言えば、メタ認知の視点を導入するのです。

そこで、以下では、各教科科目と哲学対話がどのように結びつき、哲学対話をすることが各教科にとってどのような意味を持つかについて考えてみたいと思います。各教科に、哲学的な、メタ認知的な視点をもたらす議論を導入する試みです。

国語

国語の教科書は、哲学対話の素材にあふれているといってよいでしょう。国語の時間のなかに、部分的に哲学対話の要素を入れることはそれほど難しいことではなく、また実際に行っている先生たちを私はたくさん知っています。とくに論説文のような分野のテキストは哲学対話に向いていると言えるでしょう。

しかし、文学的な素材はどうでしょうか。もちろん可能ですし、私たちは物語をしばしば哲学対話の素材として使っています。ただし、哲学対話は、国語の先生が望むような授業とは違った展開になるかもしれません。

たとえば、『ごんぎつね』という名作童話があります。この物語には実にさまざまなテーマが含まれていて、多様な解釈を許すすぐれた素材です。たとえば、「やさしさ」「罪と罰」「誤解とすれ違い」「友情」「後悔」などの心理的テーマがすぐに取り出せますが、「義務」「報復」「償い」「動物と人間の関係」「利害」「コミュニケーション」「家族と地域」などの社会的なテーマもたくさん含まれているでしょう。こどもたちに自由にゆったりと議論をさせるとこれらのすべてのテーマが出てくることでしょう。ここから問いを作り出して哲学対話することはこどもにとって大いに有益なことです。哲学対話では、登場人物たちの心情や考えを洞察するだけではなく、そこで問われているテーマについてさまざまに議論することになります。

こうした物語を素材としてこどもたちに提示して哲学対話をすると、こどもは、早速、「なぜごんは人間の言葉を理解できるのか」「そのような行動を本当のキツネはしない」「みんなキツネの気持ちとか言うけど、動物の気持ちなど分かるはずがない」といった最初からメタ文学的な視点から、すなわち、作品を作品として論じる鑑賞者の視点から評価してきます。こどもたちは、しばしば、作品世界の設定にどれほどリアリティがあるかを問う議論をしたがります。もしかすると国語という授業の枠組みにおいては、そうしたメタ文学的な批評は一種の反則であって、先生たちは、物語に内在的な、すなわち登場人物の視点に立って共感的に読むことを求めているかもしれません。（ただし、こうした読解の仕方が文学理解の方法として、どの程度すぐれたものであるのかは知りません。また、文学のなかには作者自身の意見が批評的に作品中に登場することもしばしばです。つまり、文学自体がメタ・フィクションを含んでいる場合です。たとえばシェークスピアがそうです。）

しかし、哲学対話では禁じられた問いはもちろんありません。文学を読むときの視点の取り方も自由です。登場人物の心理を理解することだけが、文学の読み方とは限りません。哲学対話では、ときに物語内在的な視点からの議論が行われますが、終始内在的な視点に留まることはまれでしょう。本章の最初の方で載せた、「動物と人間の違い」をテーマとした哲学対話の実際のやりとりの場合もそうでしたが、哲学対話では、最初の問いの設定の外側に立った問いや意見が出てきます。文学について哲学対話をすれば、かならずと言ってよいほど作品の外部に立ったメタ・フィクション的な視点が出てきます。哲学とは反省的思考なのですから当たり前と言えば当たり前です。そうして議論が深まっていくと、「どうしてこの物語では、動物が人間を理解できることになっているのか」「この本で著者は何を伝えたいのか」「この結末では納得できない」などといった問いへと進んでいくことがあります。幼稚園で絵本を素材にしてやっても同様のことが生じます。こどもでも文学作品がフィクションであり、現実そのものとは思っていないのですから、考えてみれば当然のことです。

また、「キツネが人間の言葉を理解できるのかなどは、社会や理科の問題であって、国語の問題ではない。国語は物語のなかの人物の視点から理解するのだ」などといった**教科の区別に**

よって現実世界を分断しようとする本末転倒の態度を、こどもが納得するはずはありません。

先に述べたように、哲学対話の特徴は科目ごとに分かれている分野や専門の壁（この壁は、社会のなかの人間交流の壁でもあります）を突き破ることです。世界の出来事は、「これは何々の専門家向けの出来事です」などと名札をぶら下げて生じてくるわけではありません。問題を教科や専門によって区別しようなどとは、世間のセクショナリズムの反映に過ぎません。哲学は、そうした人工的な区別を許しません。哲学は、専門や分野の壁をなし崩しにする思考です。哲学対話では、作者の意図を探り、その作品が意図を表現できているのかまでも探求する可能性があります。哲学対話は、この意味で深いリテラシー能力を育成するのです。

社会

政治、経済、法、倫理、現代社会といった社会科学系の科目が哲学対話に向いていることは誰の目にも明らかでしょう。実際、政治哲学、経済哲学、法哲学、社会哲学という分野があるくらいなのですから。それらの分野のどの基本概念も哲学的対話で検討するのに適しています。たとえば、政治における自由、平等、権力、民主主義などの概念はいつでもホットな哲学のテーマです。教科書や関連する現実の出来事の事例を提示して、問いを立てれば、すぐに哲学的な議論となることでしょう。では、歴史や地理はどうでしょうか。

歴史が記憶するための情報に過ぎないとしたら、これほど哲学と遠いものはありません。しかし歴史には哲学のテーマとなるものがたくさんあります。歴史とは過去的出来事そのものではありません。歴史とは人間の過去のすべてを記録したえんま帳のようなものではありません。歴史の記述は、それがかりに正確に事実に基づいていたとしても、無数の出来事のなかからいくつかの出来事が選択され、それらを一定の起承転結を持った物語として再構成したものに他ならないからです。歴史とは、いわば事実を題材にした物語です。よって、哲学対話では以下のような問いを立てることができるでしょう。

- 歴史は過去のあらゆることを扱っているか。
- 歴史が記録していない過去とはどのようなことか。
- 教科書ではどのような種類のことが扱われているか。
- あなたやあなたの家族は歴史の教科書に載っているか。いないとすれば、なぜか。
- 誰がこの歴史を書いたのか。
- 誰がこの歴史的事実を教科書に載せようとしたのか。
- 歴史についてどこまで知ればよいのか。

- 過去に生じたことをどのように知ることができるか。どのようにして過去の事実を知ることができるのか。
- 歴史は、視点の違いによって異なって記述されるか。
- 歴史を知る意味はどこにあるのか。何の役に立つのか。
- なぜ、人は歴史を記述し、残そうとするのか。
- 歴史はいつ始まり、いつ終わるのか。

これらの歴史哲学的な問いを、歴史的な事実と絡めながら議論するととてもよい哲学対話になるでしょう。こどもが歴史的事実についてどの程度情報取得しているかとは独立に、これらの問いは小学生から議論することができます。教科書をメタな視点から読解することによって鋭い歴史リテラシーの感覚を育てることができるでしょう。

たとえば、**ひとつの歴史的な出来事が、それに関わるさまざまな立場でどのように伝えられているかを、資料をもとにして比較してみる**のもよいでしょう。戊辰戦争についてさまざまな立場からの記述を比較してみると、それぞれの立場の利害や信念、価値が関わっていることが分かるでしょう。そもそもそれを「戊辰戦争」と呼ばれることを拒否するような勢力もあったはずです。自分たちが生きているのが「明治時代」という時代だという区分さえ受け入れない人たちもいたはずです。当然、戊辰戦争と呼ばれるものの範囲も意味づけも変わってくるでしょう。そうであるとすれば、歴史を記述するのに、どのような観点をとったらよいでしょうか。これは、歴史を超えたメタの観点から、歴史記述は何であり、どうあるべきなのか、と反省してみることです。哲学とは、こうした反省的な思考をもたらすものです。

お気づきのように、文学の場合もそうでしたが、哲学対話の特徴とは、ある教科内容をメタの視点から、外部の視点から評価する態度を含んでいることにあります。文学であれば、物語の主人公の視点を取りながらも、同時に、それが作られたフィクションであることを意識して哲学対話は進みます。歴史についても、それを実際の過去の話として聞きながらも、それが誰かによって伝えられ再構成された物語であることを意識しながら哲学対話が行われるのです。哲学は人を反省的にします。それはつねに、作られたものや語られたものの外部に出ようとします。

私たちは、特定の共同体のメンバーとして、特定の場所や習俗に埋め込まれて誕生し、生きています。これは、共同体という「炉端」に生きることです。しかし炉端の生き方とは対照的に、哲学は、共同体のあり方や過去から続く慣習や習俗について反省して、批判的に考え、吟味してみることを促します。考えることとは、それらを新しい関連のもとに置き、異なった意味を与えることです。自分たちが当然視しているものについて考えることは、自分が属する集団や家族たちから距離をとることであり、炉端を離れることを意味するのです。思考とはいつも批判的です。考える者は炉端を離れるのです。歴史や文学も単に炉端のお話や教えとしてだけではなく、誰かが記録し、伝え、語ったものとして批判的に考える対象として扱うのがこども哲学です。

　歴史教育に関してはすでにすぐれた討論型の授業を展開されている先生方がいます（加藤公明・和田悠編、二〇一二年）。この授業方法を哲学対話と結びつけるとさらに奥行きのある歴史教育が可能になると思います。歴史とは、究極的に自分の来歴に関する関心に源を持っているのであるとすれば、歴史教育では、それぞれ自分が関心のある過去についての調査の仕方を教えるべきではないでしょうか。そして人びとの関心が、現在の歴史教科書に載っているようなたぐいの事柄だとは、まったくかぎらないのではないでしょうか。現在の歴史教科書に載っている事柄は、すでに既存の歴史を受け入れた人びとの関心を再生産したものであるように思われます。ちょうど『パリ20区』のこどもたちがフランス語の接続法に関心を持たなかったように、こどもたちは教科書に関心を持たないかもしれません。なぜ、見ず知らずの、自分と関係のない、いや、自分の地域や家族を踏みにじってきたかもしれない人びとの物語など憶える必要があるのでしょうか。

　歴史と同様に、地理についてもさまざまな哲学的議論の対象となります。以下のような問いが、地理に関する哲学的問いの例として挙げられます。

- なぜ地理を知る必要があるのか。
- 自然の美しさとは何か。
- あなたはどんな場所で過ごしたいと思うのか。
- あなたの住む地域の問題点は何か。それはどうすれば解決するか。
- 地域をよりよい場所にするには何が必要か。
- 家族、友人、地域、国家、世界のなかでもっとも配慮すべきは何か。
- 自然とは何か。人間とどう区別されるのか。
- ある地域において、自然と人間の営みとはどのような形で結びついていることが最善であるか。
- 自然環境を保護すべきなのはなぜか。
- 地域の文化や習慣のなかで尊重されなければならないものは何か。逆に無くなってよいものは何か。その理由は何か。

たとえば、右で挙げた「地域をよりよい場所にするには何が必要か」という問いを立てることは、自分たちの住んでいる場所の特徴を理解しないことには始まりません。私たちは自分の住む場所の特徴をどうやって割り出せばよいでしょうか。いま、私たちの住む場所がよくないのだと判断されるとすれば、どのような基準からそう判断されているのでしょうか。どの点をどのようによくすればよいでしょうか。よい場所、理想の場所とは何でしょうか。私たちの住む場所をよくすることは、他の場所をよくすることと同じでしょうか。それとも異なるのでしょうか。こうした形で地理学を進めることは、こどもに自分と生きる場所との関係性について考えるように促しますし、ある場所に生きることの意味を探求させることになります。地理とは、自分と無関係な暗記科目ではなく、人間の生の営みと場所との関わりについて知ることだと気づくでしょう。

　このような問いを立てることは、暗記科目と見なされがちな歴史や地理を自分たちの人生のなかに位置づけ、他のことと関連させ、意味づける作業となるでしょう。哲学的問いは、知識を単なる情報ではなく、生きる糧として意味づけるのです。

芸術・音楽

芸術や音楽は哲学対話にとても向いた素材です。芸術を鑑賞すること、制作すること、実演することは、こどもの感性に豊かに訴えかけてくる多様性に満ちた経験です。芸術作品に含まれた冒険の要素が私たちに新しい経験をもたらします。実際に、すでに、美術館や博物館で哲学カフェが行われています。私たちの仲間は、こどもを連れて美術館にいき、哲学対話を実践しています。そこでの対話は以下のような手順で行われます。

①個々人が自由に作品（絵画、彫刻、パフォーマンス）を鑑賞する時間をとる。
②グループやクラスで、作品についてできるだけさまざまな視点から印象や感想、解釈を述べ合う。
③作品に関する資料（題、作者の発言、さまざまな記録）を提示して、それぞれの印象や感想との関連を考える。
④それらのなかで共通の問いができれば、それについて議論する。

たとえば、以下のような問題が挙げられる。

- この作品は何を表現しているのか。
- この作品はどこが美しいか、どこがすばらしいか。

- この作品にはどのようなアイデアが含まれているか。
- どのような過程を経て、この作品は作られただろうか。
- この作品は、どのような問いを私たちに投げかけているか。
- この作品と、私たちの生活はどう結びついているか。
- 芸術は必要か。学校で学ぶ必要があるか。

これらの鑑賞から哲学対話に至る過程で、作品についてのさまざまな感想や解釈を知ることができ、芸術についての理解が深まり、鑑賞や制作・実践をより楽しむことができるようになります。そしてより一般的に、次のような哲学の問いとつながっていくでしょう。「美とは何か」「芸術とは何か、どのような意味があるのか」「私たちはなぜ芸術作品を作るのか」「芸術と娯楽の間に区別はあるか」「作品の意味は作る側が決めるのか、鑑賞する側が決めるのか」などの問題が議論できるはずです。

たとえば、近くにある美術館に生徒を連れていき、たとえば、抽象的な絵画のまえで、どのような印象を受けるか、何を描いているように思えるかを議論させます。最初は、単純な印象を語り合います。生徒のなかにはよく分からないとか、難しいといった印象を述べて強く関心を持たない子もいるかもしれませんが、その場合にも、どこが面白くないのか、なぜ難しいのかを聞いていきます。さらに、生徒相互でお互いの印象について意見があれば、述べ合わせます。そして、その作品のタイトルや、作者のコメントなどがあれば、それを提示して、その作品とタイトルとの関係について考えを述べ合い、どうしてこの作者がこうした表現をしたのかについて考えていきます。こうした議論を通して、芸術作品とは何かについて考えを深めることを目指します。

体育

体育は人気があり、もっとも重要な文化活動のひとつです。それらは、身体的で美的な経験であると同時に、人間関係を含み、さらにルールや自己管理、共同性など道徳的な要素も含まれています。体育とスポーツは、哲学的テーマの宝庫です。日本で盛んな武道・格技を入れてもよいかもしれません。

体育ですから実技が多くなるのは当然ですが、テニスのトレーニング方法から始まったといわれるコーチング理論においては、コーチングの中核的技術は対話とコミュニケーションにあると主張されています。とくに思考させるための質問がもっとも重要だと指摘されています（コーチング選書シリーズ、ディスカヴァー・トゥエンティワン）。たとえば、以下のような問いについて哲学対話をすると、体育やスポーツの意義や方法についての理解が深まると思われます。

- 体育とは何か。
- 学校で体育を教える意味は何か。
- 心身はどう関係しているか。
- スポーツはなぜ好まれるのか。
- チームスポーツのよさと、個人競技のよさは何か。
- スポーツは人生にとって何の意味があるのか。
- フェアプレイとは何か。
- スポーツにはなぜルールがあるのか。
- スポーツと社会（地域、国家）とはどう関係しているのか。
- よいスポーツ選手とはどういう人か。
- よいチームプレイはどうして作られるか。
- 男女で同じ競技をやるべきか。

クラブ活動などでもこうしたテーマについての議論は有効であると思われます。スポーツをやることが自分の生活にとってどういう意味を持つのかをそれぞれ話してもらいます。教員もひとりの参加者として、自分がスポーツを続けている理由について話し合い、スポーツとは人間にとってどのような意味を持つのかについて議論します。個々人にとってのスポーツの意味を話し合うのですから、これが正解だということはないのですが、友人や先生の意見を聞くことで自分にとってのクラブ活動の意味を深く考え直すことができるでしょう。

同様に、**クラブに連帯感やまとまりがなくなったり、何かの問題が起こったりしたときにも、こうした深い問いを含んだ話し合いの場を持つことは有効です**。まずそれらの問題についての個々の生徒の意見を聞いていくことから始めることが、クラブにとっても、個々人にとっても有意義なものになるでしょう。議論の場を作り、練習の仕方やチームのあり方について自由に論じ合うことは、とても大切な教育場面になりますし、もっとスポーツを楽しむことができるようになるでしょう。

算数・数学

数学も哲学的な問いに満ちた分野です。従来、算数・数学の分野は、練習問題を繰り返し解いて、正確な解答に至る技術を習得させようとするものでした。一定の計算法を習得することによって、あらかじめ定まっている正解に到達するのが数学であると考えられてきました。しかしこの伝統的な考え方はふたつの批判にさらされています。

ひとつは理論的なもので、こどもは自分自身で問題を理解し、自分で仮説を立て、友だちとともに問題解決に取り組むときにもっとも学習するという教育理論の普及です。これを算数に当てはめれば、算数教育は単に出来合いの知識を教え、それを反復練習させることではなく、探求と反省の過程を通して算数的な問題解決を学んでいくことだということになります。また他方、コンピュータの発達により、実社会では、単純な計算に熟達する職業的な必要はなくなりました。計算機やパソコンが使えれば計算はできるのですから、以前のような正確な計算のためのスキルの獲得は不必要になったのです。したがって、算数・数学教育では、これまでよりも数学的概念や問題の定式化の過程についての深い理解、また、問題解決のための創造的思考が重視されるようになります。

哲学対話では、数学基礎論のようなもっと深いテーマを扱うことも可能ですが、それ以前に以下のような問題について考えるのが重要に思われます。これらの問いは、数学を定義すると同時に、生活のなかに位置づけようとするものです。

- 数学とは何か。

- 数学は何の役に立つのか。
- 生活のなかでどのように数学が使われているだろうか。
- 数学で何が難しいか。
- 数は実在するのか。
- 数学は発明するものか、発見するものだろうか。
- 他の科目と比べて数学は重要か。
- みんなが数学を得意になれるだろうか。

授業中に、算数でどこが難しいのか、何が難しいのかを聞くことは、興味深い教育法です。何が難しいかを言語的に表現することは、それ自体がとても難しいことです。みんなで議論しながら、分かりにくい点や、どうしても納得できない点を明らかにしていくことは、数学的概念や数学的な操作を理解するために重要な貢献をするはずです。こどもは情報を受け取るだけの白紙の状態でいるわけではありません。理解が困難であるのは、こどものなかにすでにある考え方と新しく教えられた数学的思考が衝突しているからです。新しい数学的概念や数学的操作を学習することはひとつの経験であり、新しい経験は思考をもたらします。なぜ分かりにくいのかを時間をかけて解明するのは、とてもよい思考の訓練です。ただし、**生徒が、自分が分**

からないから責められているのだと受け取らないようにする注意が必要でしょう。分からないことがあるのはごくごく日常的で普通のことであり、自分が理解しにくい点を明らかにして、それのどこが、なぜ難しいのかを分析していくのは重要な思考の訓練であり、数学の力を伸ばしていく上で大切であることを、教師は普段から伝えておく必要があるでしょう。教師自身が数学理解の真の難しさや自分の理解の不十分さを分析しておくべきです。

理科・科学

前述のこども哲学と科学教育を専門とするティム・スプロッドは、こども哲学の方法を科学教育に取り込んでいます（Sprod, 2011）。スプロッドは対話を科学教育のなかに入れる意義を以下のように説明しています。

第一に、理解とは教員が話したことをただ受容するだけの過程ではなく、自分で積極的に何かを構成していく過程です。さらに、理解されたことはより広い生活の文脈に埋め込まれていきます。科学教育における理解でも同じことが言えます。しかし、生徒の科学的概念の構成過程には多くの誤解や錯誤があります。そこで構成の過程を可視的にして、教師はそれが正しく行われているかどうかに注意を向けなくてはならないのです。生徒個々人の理解のあり方は、対話的な過程ではじめて明らかになっていきます。

第二に、現代の科学教育は、少数の科学エリートを育てるためのものではなく、すべての市民に科学的なリテラシーを持ってもらうためのものだということです。これまでの科学教育は、あたかも理系のエリートを取り出すための選抜過程のようになってしまっています。しかし現在の私たちは、科学技術と社会との関係性について以前とは異なる考え方を持っています。すなわち、専門家に任せておけば科学が進歩し、一般の市民の役にも立ってくれるという考え方は、すでにお人好しな昔の人の考え方に思われます。専門家の行動はしばしば、専門家集団だけの利益と閉鎖的な狭い関心に支配されていて、一般の人びとの利益を蔑《ないがし》ろにしがちです。研究費は市民の税金で賄《まかな》われているにもかかわらず、閉鎖的な科学者集団は市民の利益に貢献しない、ときには市民の利益に反することに研究費を使いかねないのです。

学校では、効率的に教育しようとして科学的知識の詰め込みを行う傾向がありますが、そうすると生徒はしばしば科学に関する関心を失います。そして、生徒のほとんどは科学の専門家になることを希望してもいないにもかかわらず、まったく関心のないことを強制的に学ばせられるので、ついに科学嫌いになってしまうのです。結局、大多数の生徒は、理科・科学教育の意味を理解しないまま卒業していきます。科学の意義を理解し、科学について批判的に思考する科学リテラシーを学んでもらう必要があるのです。

方法は先に説明した哲学対話の基本型と最初は同じです。

①円になって探求の共同体を作ります。
②科学的なテキストを一緒に読みます。
③疑問に思った点を話し合い、共同で問いを作ります。
④問いを選びます。
⑤議論をします。

これを科学教育として発展させる場合には、⑤で問いに対する解答となる仮説を立てさせます。複数の仮説が立っても構いません。

⑥仮説をどうすれば検証できるか、実験の設定を議論します。
⑦実験を行い、結果について再び議論します。

最初のテキストとしては、たとえば、以下のような物語をスプロッドは挙げています。「友だちが集まって、先週末何をしたか話しています。サラは、家族と一緒に小さなヨットに乗ったことを話しました。船酔いしなかったかという友だちの質問に、船では揺られていたけど最初は酔わなかった。でもキャビンのなかに入って、テーブルの上でグラスが行ったり来たりしているのを見ながら、お昼ご飯を食べるとすごく酔ってきたと言います。友だちは、グラスの底に何かをつけると滑らなくなるのではないかと言います。サラは母親の誕生日にグラスの底につける何かよいものを買おうと思いました」（第二章）。

　これは実際のテキストを要約したものですが、テキストを一緒に読んでから、生徒にどこに興味を持ったか、どんなことに関心があるかを聞いていきます。キャビンのなかだとどうして酔いやすくなるのか、船酔いはなぜ生じるのか、グラスは船のなかのテーブルの上でどう動くのか、グラスの底に何を張ると安定するか、グラスを動かなくさせる方が本当に安全か、などいろいろ疑問や関心が出てきます。これは日常生活のなかに科学的な問いを見つける練習です。そこで、たとえば「サラは何を買ったらよいか」をテーマに選ぶと、またみんなで議論させます。街で買えるもののなかで何が適切か、それがグラスを固定させることを証明するのにどういう実験を行ったらよいか、どういう状態を作ればヨットのキャビンと同じ状況を作れるかなどについて議論させ、最後に実験してみるのです。これは哲学というよりは、対話による理科教育ですが、問いを立てる過程に哲学的な判断が含まれています。

　また、理科教育・科学教育を専門とする吉岡有文（元・立教大学）は、理科教育における真の対話を提案しています。従来の理科教育でも「対話」という形がとられることがありましたが、それは、科学的知識を持っている教師が、知識を持たない生徒に、トップダウンに知識を伝達するという形の「対話」でした。あるいは、生徒どうしの対話を重視するという形式がとられている場合もあるのですが、教師自身がその問いの正解を知っているのです。こうした授業は、結局、先生から生徒への一方的な教授を超えておらず、真の対話になっていません。

　これに対して吉岡が推奨するのは、生徒と教師がともに自然の事物事象に対して向かい合い、生徒と教師が水平的で協働的な学び合いをする教育です。これらの共同の探求において真の対話が成り立つわけです。生徒が学ぼうとする内容についての知識を教師は最初から十全に持っていません。教師は、学びの場を設定し、科学的探求を行う活動に同伴者として関与するのです。この吉岡の提案は、いま述べたスプロッドの科学対話のやり方と一致しているように思われます。理科教育はさまざまなテーマについて共同で探求することができ、そのなかに哲学的なことに関する対話を取り入れることができるでしょう。

道徳

道徳や倫理は、他の科目とは異なる独特の性格を持っています。というのも、道徳や倫理は、特定分野の知識に関わる他の科目と違い、人間の生き方そのもの、あるいは、生活全体をテーマとする科目であり、何かの知識を獲得することとはまったく異なる学びを要求するからです。これらの科目を、量的に評価の対象とすることが極めて困難であることも特徴的です。しかし、二〇一五年に「特別の教科　道徳」が設置され、小学校で二〇一八年、中学校で二〇一九年から完全実施されました。この改正によって道徳は教科化されました。「教科」とは、検定教科書を使用し、数値による評価（評定）を行うものを言います。ただし、道徳科の評価は「記述式の個人内評価」とされています。それゆえ、「特別」の教科なのです。

倫理や道徳は、哲学にとってもっとも重要なテーマのひとつだと言えます。これまで私たちが行ってきた哲学対話もその多くが道徳的な内容に関するものです。たとえば、私たちが哲学対話を実践した学校では、「校則」「いじめ」「やさしさ」「善悪の基準」など道徳的なテーマがいつも議論の候補に挙がります。児童生徒たちは、実際にそうした問題を議論したがるのです。こどもはどう生きればよいかを考えたがっているからです。

では、道徳教育の目的は何でしょうか。実際に社会のなかで道徳的な行動をとらせようとするというのであれば、教師はたいへんに多くのことをしなければならないでしょう。先に紹介した『中学生からの対話する哲学教室』では、道徳的活動をクラスや学校のなかで行う「活動」が例示されていただけではなく、学校の外に出て地域や社会のなかで道徳的・倫理的な活動を行う「社会活動」をするように示唆されていました。たとえば、「グループを作って、政治家がついた嘘を暴いた手紙を、地域の新聞の編集者宛てに書きなさい」「政治的な差別抗議活動に加わりなさい」「地方議員に、あなたに関係してくる市民権の問題について質問状を送りなさい」「自然保護活動に参加しなさい」などがそうです。まさにこうしたことができなければ道徳教育ができたとは言えません。（以上の活動を政治的と思われる方がいるかもしれませんが、道徳は政治から切り離せません。）道徳とは、人間どうしのよき関係性の構築、人間と動物を含めた自然環境とのよき関係性の構築と言えるでしょう。であるなら、道徳教育の最終目的は、社会改善のはずです。科学教育の最終目的が、人類の科学の発展にあるのだとすれば、同様に、道徳教育の最終目的は社会の改善です。

ですが、そのための準備として、道徳的・倫理的な活動をするための判断力を育て、自分のまわりの共同体をよきものとして構築し維持する仕方を学ぶ必要があるかもしれません。それは、ほかのあらゆる学びの場合と同じく、単なる受容的な過程ではありえません。教師が単にある行為の善し悪しを一方的に教え込んだり、その理由を説明したりするだけでは、到底不十分です。幼いこどもでも、すでに、人に暴力をふるうことや嘘をつくこと、他人の物を盗むことは悪いこととして大人から非難されるということを知っています。大人が知っているのと同じくらい十分知っています。問題は、それをしっかりと自分に納得させることなのです。それは、ちょうど、大人たちが食べ過ぎはよくない、飲酒はよくないと何度も自分に言い聞かせてもやってしまい、ここは自分が我慢して貧しい人と分かち合うべきだ、他の国の人びとの困窮にも手をさしのべるべきだと知っていてもできないでいるのと同じことなのです。自分が非難しているまさにそのことをやってしまい、自分が賞賛していることをできないのです。

したがって、こどもたちは、受け身に常識や慣習に従うのではなく、自分自身で能動的に道徳的な事柄について判断し、実行する力を養っていかねばなりません。こどもは、道徳性がなぜ自分自身にとっての問題となるのか、どのような行為がよい行為で、どのような行為が悪いのかの理由と根拠などについて仲間たちとじっくりと議論し、自分自身で考えるようにならなければならないのです。道徳教育にとってもっとも大切なことは、道徳性の理由や根拠について考えることです。

道徳教育の第一人者であるローレンス・コールバーグは、道徳教育の基本として、(1)教室のカリキュラムのなかに、道徳的問題についてのディスカッションと道徳性の成長を刺激させられる関心を取り入れること、(2)学校の管理プロセスに、生徒が民主的に参加できる機会をより増やすように学校環境を再構成すること、を挙げています(コールバーグ、一九八七年、ライマー他、二〇〇四年)。私は、このふたつの方針は、基本的に正しいものだと思います。この(1)と(2)の一部を担うのが、道徳的テーマに関する探求の共同体づくりだと思います。探求の共同体による哲学対話は、（1）の道徳的判断力の成長を促すと同時に、共同体で道徳性を追求することで（2）の部分も担えます。先に述べたように対話をするということが、すでにケアし合う関係性の上に成り立つのですから、探求の共同体づくりそのものが道徳的な行為なのです。

　たとえば、生徒がクラスで他の生徒に暴力をふるったとしましょう。みんな人を叩く行為は悪いことだと知っていて、教師は叱るでしょう。リップマンが指摘していることですが、これだけでは、実際に何の進展もないのです。そこで、教師がすぐに叱らずに、当の行為の善悪を共同で探求してみるとよいでしょう。教師は叩いたという行為をすぐに非難するのではなく、なるべく公平で一般化した問いとしてみんなで議論するテーマにしてみるのです。クラスの皆に向かって、人を叩くにはどのような理由が必要でしょうか、と尋ねてみるとよいでしょう。叩いたこどもは、「何となく嫌いだから」などといった理由を言うでしょう。それについて、教師はクラスの他の生徒たちに「それは人を打つ十分な理由になるでしょうか」と尋ねてみます。おそらく、「それじゃ、嫌いな人はいつでも誰でも打っていいのか」「たくさんの人に嫌われていると、たくさんの人から打たれるのか」とか質問がくるでしょう。そのような議論をじっくりと、叩いたこどもの言い分を聞きながら行ってみるのです。そうして自分の行為が正当であるために必要とされるのは、どのような理由や根拠であるのかが論じられます。

　すると最終的に、こどもたちは、すべての倫理的な行為には理由があること、ある行為を実行するまえに自分がそうする理由について考えてみなければならない、そうしなければ、自分は道徳的非難の対象になる、ということを学ぶはずです。これは、道徳的なテーマを探求する共同体が形成されることで、個々人の判断と行為がそれによって導かれるようになることです。道徳性についての判断は、共同体の探求のなかで共有され、深まっていきます。そうして道徳的課題について議論することを学んだ共同体は、また新たに生じた道徳的課題についても議論して考えていくことでしょう。すなわち、探求の共同体は、倫理的な自律性をそなえた共同体を作っていくことでもあるのです。

　これまで紹介した哲学対話のテキストにはたくさんの道徳的なテーマが取り上げられていますし、文学や絵本でも道徳的な内容を含んだものはたくさんあります。これらや教科書を読んでから、「今日は道徳（「やさしさ」「正しさ」「ルール」など）というテーマで、問いを立ててみましょう」と言って、こどもに問いの大枠を設定してもよいかもしれません。物語形式のテキストはよく書かれている場合には、道徳的テーマを扱うのに最善のものです。道徳的ジレンマ課題のようなものについて議論するのも悪くはありません。ジレンマ課題とは、ある状況において可能ないかなる選択肢をとっても完璧な選択とはならず、道徳的な問題が残ってしまうような問題です。たとえば、「ある人を助けるために他の人を犠牲にするのは許されるか」といったような課題です。ジレンマ課題は、道徳的なテーマについての思考を促す点はよいのですが、ときに設定された状況があまりに単純化されていたり、日常生活の場面からかけ離れていたりしています。現実に直面することのほとんどない問題に取り組むのでは、こどもの実際の生活での道徳的な判断力の向上にはあまり役に立たないように思われます。というのは、道徳的な善悪の判断をするためには、その行為がなされた個別の文脈や背景も理解しなければならないからです。道徳に一般原則のようなものがあったとしても、個々の状況でその原則が単純に当てはまることはありません。そうであるならば、裁判の過程など不必要なはずです。したがって、道徳的なテーマに関しては、個々の事例の特殊性とその事例の文脈や背景を理解しながら判断を下す必要があります。ジレンマ課題は、ときにそうした具体性に欠けているのです。なぜその人がその行為をしたのか、その理由や動機、文脈や背景を考慮しながら、その善悪について考えられるようなテキストが適しているのです。

その際に、**ファシリテーターである教師はこどもを特定の結論に誘導しようとしてはいけません。**そうなれば、その対話はひどく失敗して、道徳教育の成果は何も得られないでしょう。問いを設定したら、こどもたちの議論についていかねばなりません。気にすべきことは、いつもの他の哲学対話と同じく、誰もが公平で自由に発言できること、誰かの発言をゆっくり聞いてあげること、発言に対しては質問し、その根拠や理由を聞くことです。道徳をテーマとして議論する共同体が存在していて、自分がその一員であることが道徳性の意識を高めるのです。

最後に道徳的テーマについて議論するときにひとつ注意すべきことは、議論をしたくない人や話したくない人には強制しないということです。たとえば、人間の死がテーマになったときに、最近、近親者の死に出会ったこどもはあまりになまなましすぎて話をするのが辛いかもしれません。貧困の問題は道徳的に重要なテーマです。しかし、自分の家庭が裕福でないこどもはそれについて議論することを躊躇するかもしれません。しかしファシリテーターが自分勝手に、このテーマはこどもが話したくないはずだと予断することはよくありません。

先に取り上げた貧困についてしっかりと主張した小学生の例のように、こどもは自分の置かれた困難な状況をふまえながら、それを説得力ある議論へと展開することもあるのです。あるいは、最初に紹介した死をテーマにした実際の会話では、むしろ死と無という概念の関係に焦点が向けられて、話題は体験を話し合うものではなくなりました。ファシリテーターは、話したければ話し、話したくないことは無理に話さなくてよいことを告げます。同時に議論のテーマや問いが決まる前に、誰かにとって話したくないテーマであるかどうかを尋ねるべきでしょう。**セイフティが哲学対話にとってもっとも重要な価値であることを繰り返しておきたいと思います**。科学教育のところで言及したスプロッド教授は、道徳教育の著作も出しています。そこでも、ありがちな生徒の反応についてどうすればよいか、本論とほぼ同じ解答が与えられていますので、よろしければ参照してください（Sprod, 2001）。

対話の実例として、中学一年生の二学期のクラスで行われた以下のような対話を挙げておきたいと思います。テーマは、「クラスに担任は必要か」というもので、私たちの仲間の大学教員がファシリテーター（T1）として入り、その場にクラス担任（T2）のいらっしゃるなかでの対話です。テーマは生徒が決めました。

S1　学校は勉強するためだけにあるものじゃないし、勉強以外に教えなきゃいけないこともあります。大人と生徒は経験数が違うから、自分が成長したなかで学んだことも生徒に教えるっていうことも必要だから。

T1　それはよく分かりましたけど、それは担任の先生である必要があるんですか。ほかの先生がいっぱいいて、先生がそれぞれの経験を教えてくれればいいんじゃないんですか。

S1　教えるって言ってもそのタイミングっていうのがあるし、よく一緒に過ごしている時間が多い方が教えられるタイミングがある。

S2　もうひとつ思ったのは、それは親じゃダメなんですか。

S3　教育は本来は親がやるべきなんですけど、それが今両親どっちも仕事をしているとかで教育ができないというのが現状で、教育をするってことになると学校じゃないとダメなんじゃないかと思います。あと、親だけだと、そんないっぱい経験を聞けないじゃないですか。だから担任だけじゃなくてほかの先生からも聞けた方がいいので……

Ｓ４　親って血がつながっていて、小さいころからずっといるわけだから緊張感がないじゃないですか。でも先生って完全に赤の他人であるわけだから、その多少緊張生まれるし、そこからまた新鮮な気持ちでいけるわけじゃないですか。

Ｓ５　いじめとかが起こったときに先生とかに担任の先生とか親とかに相談しましょうって言うじゃないですか。でも親に自分が言いたくなかったり言えなかったりなときに、やっぱり自分と近くて、一緒に過ごしている担任の方が言いやすいから、担任はいた方がいいと思います。

Ｓ６　話せるから担任いるって言うんだけど、実際小五のときにいじめられていたんですけど、担任に話しても密告したとかいうので逆にいじめがひどくなるだけで、解決にはならなかったです。

Ｔ１　どう思う。とすると、みんなもちょっと体験を聞きたいんだけど、担任の先生がいて頼りになったなって思うこと、あと今みたいに、いや結局全然意味なかったよって体験のある人います。

Ｓ７　小六のときの担任がすごい先生で、怒るときすごく怖いんですけど、普段の考え方とかも普通の人とは違って、いろんな視点からなんかものを見ていたりして、自分の考えも変わったような気がします。

T1　どういうことが変わりましたか。

S7　ものの見方とか価値観とか、ここの欠点はだめだけど、これをこうすればよくなるとか、見方によってすごい変わるんだなって分かって、自分の考え方もすごく変わりました。

T1　今のでなんとなくは伝わったんだけど、具体例を挙げられますか。

S7　たとえば、責任について。小学校ではみんなこどもだからとか言って甘やかす先生がいたけど、その先生はもうあなたたちはこれから中学入るんだからと言って、そのときに自分のグループでの責任について学びました。

T1　なるほどね。

S8　ほぼ同じ感じで、なんか私も六年生のときなんですけど、かなりベテランの先生でかなり体験談とか話してくれて、どんな感じでやっていけばいいのかとかを厳しいときは厳しくしてくれて、いろいろ話してもくれて。その頃、友だちとの関係にもずれができちゃう時期だったので、先生と話しているとなんかほっとできたりして、それでなんか気持ちが変わったり気が変わったりすごくしました。

T1　なるほど、ほかはどうですか。

S9　うちの弟の学年が結構荒れていて、いじめとかも結構あったらしいんですけど、その先生がひいきとかする人で、ある一定の人がいじめられているのを見て見ぬふりしているとかが結構あったんだそうです。そのせいで、そのいじめられている子が反撃するようになって、暴力を振るうようになってきたんだそうです。それで先生も、その子たちを悪く言うようになって、その学年の人にもその子のイメージが定着してしまって、最終的にその子の立場が一番悪くなったんだそうです。だから先生がそういう人だったりすると、一定の子の立場だけが危うくなったりする。担任は、一番その子の近くにいるからこそ、その子の悪いところも見えちゃったりして、その担任の先生の心が弱かったりすると、周りの子の雰囲気にのまれたりして、一緒にいじめちゃったりするのかなって思います。

S10　いまのS9の話もそうなんですけど、先生がみんないいってわけじゃないですけど、やっぱ担任の先生って自分の身近にいる大人、家族とかのぞいて普段日常的に接する近い大人だから、そうすると大人が、みんないい人ばっかり、こういう人もいるとか、逆にこういう大人しかいないと思っていたけど、こういう大人もいるんだとか、そういう風に大人になってからの社会にいる大人についても学習できるんじゃないかなと思うんです。それで、やっぱり担任はいるかなって思いました。

（二〇一二年、埼玉県の中学一年生のクラス）

担任の先生がいる前で、生徒たちが「担任は必要か」というテーマを選んだ時点で、このクラスのセイフティが確保されており、何よりも担任の先生が生徒から厚い信頼を得ていることがお分かりだと思います。担任の先生個人の問題ではなく、担任という制度が妥当な制度であるかどうかという問いを中心として議論は進んでいきます。ここで生徒たちは、担任の先生も制度のなかにおかれた個人であることをきちんと理解しています。そして、話題は、担任が必要かどうかということからよい先生とはどういう先生であるかに移ります。結局、担任でいてほしいのは、よい教師に他ならないからです。そこで、小学校のときの担任の先生の話になります。何人かのこどもはすぐれた教師からの影響を語りますが、他方で、聞いている方が驚くようなひどい教師の実体が明らかになってきます。教師の不公平、無関心、保身が批判されます。そして、最終的に「心の弱い教師がいる」という指摘に至ります。こどもはすべて見抜いています。

　とくにいじめの問題について話してくれたのは、普段はとてもおとなしく、あまり人前で話さない生徒でした。ここでは省略しましたが、このあとに、その生徒の発言をめぐって議論が続きます。普段目立たない生徒の気持ちをクラスはしっかり受け止めたのです。このような雰囲気が持続するならば、このクラスは道徳的課題にしっかり向き合えるクラスであろうと思います。

生活のなかに教科の芽はひそんでいる

以上のように、すべての教科科目において哲学対話を導入することは可能です。哲学の対話は、各科目の根底に関わる問いに取り組みます。たとえば、「そもそもフィクションとは何か」「歴史をなぜ残そうとするのか」「数学は何の役に立つのか」「科学は人間の生活を幸福にするのか」「なぜスポーツにはルールがあるのか」「法律はどこまで必要か」といった問いです。これらは、各学科の基盤をなすもっとも単純であり、かつもっとも深い問いです。簡単には答えは出ないと思いますが、それらの問いに取り組まなければ、そもそもその学問や知識が何のためにあるのかを考えたこともなく、その科目を何のために学ぶのかを反省したこともないことになります。つまり、批判的な思考をしないままにこどもを成長させることになるのです。おそらく多くの先生方も、保護者の方も、こうした問題を考えずに、授業をしていらっしゃることと思います。こどもと一緒になってゼロから学んでみてはいかがでしょうか。

　こうして哲学対話では、それらの科目の存在意義、言い換えれば、それを学ぶ意味について問い尋ねていきます。哲学は考えることを重んじます。考えることとは、関連性が見出しにくいことに関連性を見出していくことです。哲学対話は、まず、なぜ歴史を学ばなければならないか、なぜ本を読む価値があるのか、科学と私たちの生活はどうつながっているかといったこどもが抱きやすい知識の意味や勉強することの意義を問うていきます。とくに、小学校の高学年から中学のはじめにかけて、こどもたちは自分が勉強していることがどのような意味を持つのか、自分の人生にとってこれらの科目を努力して修得する価値がどこにあるのかを真剣に気にかけ始めます。それに対して、将来何かの役に立つとか、教養のある大人になるためとか、勉強は面白いからするとか、というのでは、学校で教育することの正当化としては曖昧すぎますし、不十分です。学ぶことの意義を自分たちで深く考え、自分は何を学ぶべきなのかを問い直す機会がどこかで必要なのです。その問い直しは、ひとりで行うことが難しいからこそ、探求の共同体で行う意味があるのです。学ぶ意味を問うことは、それぞれ個々の科目を、知識の全体、社会、生活という広い文脈に位置づけていく作業でもあります。それは、個々の科目を人間の生活の意味づけの網のなかに組み込んでいく作業なのです。この問い直しがしっかりできたときには、何かを学ぶための動機づけが強まるはずです。

いろいろな機会をつかまえて、人生の方向性や職業選択、それらと現在の勉強や学校生活との関連性について生徒どうしで話し合わせてみるのはよい機会だと思います。たとえば、私の実践している学校では、高校生の理系文系などのコース選択するときに、こうした対話を行っています。大学受験のための勉強を始める前に、将来、どのような生活をしたいのか、どのような職業に関心があるのか、なぜそうした関心を持っているのかを話し合わせるのはいかがでしょうか。どのような大学にいき、どのような分野を学びたいのかについてみんなで議論しながら自分の進路について考えることは、自分の人生の進路を単にひとりだけで考えて決めたり、親からの影響だけで決めたりするよりも、はるかによい判断へと導くことでしょう。

コラム②

親子やきょうだいのあいだでの進め方

読者の方々のなかには、こどもとの哲学対話を家庭で行ってみたいと思っておられる方もいらっしゃることでしょう。これまで本書では、学校や課外活動を想定して、こども哲学の進め方を説明してきましたが、家庭で実施するときも基本的な心構えは変わりません。親とこども、もしくはきょうだいどうしでしっかりと対話をするというのは、反抗期などを迎えると親子とも照れが入ってしまい、なかなか難しいことがあるかもしれません。ですが、小学校中学年まではやりやすいと思いますし、複数の家族が集まれば、より話しやすい雰囲気になることでしょう。友だちどうしの方がこどもは話しやすいということもあるでしょう。

ここでは、筆者が幼稚園・保育園の園児から小学校中学年までの学童を対象にして、学校の外で実施している哲学対話の流れを説明したいと思います。

1 使う素材はこどもの興味に合わせる

まず、あまり詳しい対話の形式にこだわらずに、こどもが関心を持っている素材を提示します。

たとえば、絵本などはよい題材です。こどもが興味を持てて、すこし謎めいている、考えたくなるような本がいいでしょう。あまりに教訓的な素材はかえって考えを発展させにくいものです。そしてその絵本を一緒にゆっくりと読んでいきます。話の筋が分かるまで何度か読みましょう。あまりに長すぎる本は理解に時間がかかり過ぎてしまうかもしれません。こどもの哲学用の絵本も出版されていますので、それらを使ってもいいでしょう。

もちろん素材は本や絵本である必要はありません。たとえば、絵画でも構いませんし、テレビ番組などを見たあとでもよいでしょう。あるいは、屋外で何かを経験したとき、たとえば、家族旅行に行ったとか、社会科見学したとか、博物館や科学館に行ったとか、友だちと遊んだとか、なんでもよいのです。

大切なのは、素材がこどもにとって人に話したくなるような興味の持てる内容を持っていることです。

2　こどもが面白がっていることを掘り下げるとテーマが見つかる

哲学対話が、普通のおしゃべりと違う点は、ひとつのテーマについて粘り強く考えて、探求することです。普通のおしゃべりは、テーマが次から次へと流れていきます。「なぜだろう」とか「本当だろうか」とか「どういう意味だろう」といって立ち止まって考えることをしないで、ただ話題提供的に話をして、互いにうなずきあっておしまいです。哲学対話は、あるテーマについて突き詰めて考えていきます。

絵本を読んだ後に、たとえば、「面白かった」と聞きます。「面白かった」とこどもが答えたら、「どこが面白かったの」と聞き、絵本をめくって説明してもらいます。「面白くなかった」と返事をしても構いません。その場合には、「どうすれば面白くなったかな」とか、「どんなお話が好きなの」と聞いてもいいでしょう。小さなこどもは大人が流してしまうような細かい点にも疑問を持っています。大人がハッとするような、大人では思いつかないような点に関心を持っていて、そこになぜ興味を持ったのかを話してもらえれば入り口としては大成功です。

何人かのお子さんがいれば、それぞれどこに関心を持ったのかをみんなの前で話してもらいます。関心を持つ理由を細かに、具体的に話してもらえれば、他のこどもたちもそれを共有することができ、視野と関心を多様化することができます。

3「何が面白い？」「何でだと思う？」——キーワードで疑問を引き出す

　こどもがもっとも関心を持っているテーマについて問いを立てて、対話を深めていきます。たとえば、博物館にいったこどもが、恐竜の化石が面白かったと言ったとしましょう。「どうして、どこが、何が、面白いの」と聞くと、「すごく大きい」とか「なぜいまはいなくなったのか」とか「どうやって動いていたのか」とか答えるかもしれません。できるだけ、細かく説明してもらいます。これらの問いのどれもが科学（古生物学）が説明すべき問いで、哲学のテーマには思えないかもしれません。でもそれでもよいのです。哲学と科学は根っこが同じ知的活動ですから、どこかの時点で科学の根本的な問題に行き当たります。それが哲学の問題です。

「恐竜は大きい」という点に関心を持ったら、そこからいろいろな方向に対話を進めていくことが可能です。すぐに進化論的な正解に到達しようとはせずに、「大きな生き物」に関する謎を追いかけていく方が思考や想像が膨らみます。まずは、体の大きさに関係する問いを出してもらいます。たとえば、「恐竜と同じほど大きな生き物っていまはいるかな」「どうして小さい生き物ばかりが残っているんだと思う」「いまあれだけ大きな生き物が生きていたら、どうなるだろう」などのいろいろな問いを自分たちで出してもらったり、あるいはファシリテーターである親が出したりします。

4　こどもから出てきた問いから、対話を進める

問いが出たら、そのなかで一番こどもが話し合いたいものは何かを決めてもらい、対話を続けます。

たとえば、「いま恐竜のような大きな生き物が生きていたら、どうなるだろう」という問いであれば、想像力を羽ばたかせて、いろいろな想定を展開してもらいます。すると、恐竜が現在の自然のなかで生きていく困難さ、人間や他の生命と共存することの難しさ、他方で、種の多様性の重要性などに話が及ぶことでしょう。恐竜の大きさから、生態系や生命の共生に関する哲学的な問題へと対話が進んでいくはずです。同じ恐竜をテーマにしていても、違った問いを立てれば、進化や適応などの問題に発展していくこともあるでしょう。

5 調べる作業で終わらせない

こどもはときに、本などで調べれば分かる事実に関する問いと、簡単に答えの得られない哲学的な問いを混同しているときがあります。たとえば、「普通ってどういうこと？」といった問いは、「普通」という言葉が社会のなかでどのように使われているのかについて考えてもらえる問いで、いかにも哲学的な問いです。「言葉は誰が作ったのか？」とか、「なんにでも名前がついているのはなぜ？」といった問いも、言語学の問題でもありますが、哲学的な問いでもあります。

では、「暑いと寒いはなんで分かるのか？」といった場合にはどうでしょうか。これは温感に関する生理学、あるいは、心理学の説明をすればよいのでしょうか。そうした説明は心理学や生理学の本に書いてあるので、それを読めばよいのではないでしょうか。もちろん、こどもと一緒に、図書館やインターネットで、温感のメカニズムを調べることもできますが、さらにこれも哲学の問題へと進めることはできるのです。たとえば、「ロボットはそうしたことを感じるかな？」とか、「暑いと寒いは、〝分かる〟ものかな、それとも〝感じる〟ものかな？」とか、「人によって感じ方が違うのはなぜだろう？」といった感じで掘り下げていくことができます。図鑑や辞書やインターネットなどで調べ物をしながら、さらに問いを追求していくのは、とても哲学的に思えます。

6 きょうだいや友だちどうしの場でもやってみる

いままで説明してきたことは、大人ひとりこどもひとりでもできますが、こどもが複数いるとさらに興味深いものになります。こどもたちはそれぞれの考えを持っていますが、発言に積極的な子も、少し遠慮がちな子もいます。ここで大切なのは、発言の多い子には、他の人の発言を聞いてどう思うかを答えさせたり、他の子に質問させたりして、聞く態度を養ってもらうことです。遠慮がちなこどもでも、ゆっくりと待ってあげれば、おもむろに話し始めます。無理に発言を強いることはいけませんが、考えをまとめるのに時間がかかっているのなら、そのあいだはみんなで待ってあげることが大切です。全体の流れをゆっくりさせてひとつひとつの発言に間をあけたり、これまでの発言を誰かにまとめてもらったり、時間の流れを緩やかにさせることが大切です。きょうだいで、一緒に本を読んだり、一緒に何かのお出かけをしたときに、そのあとで何気なく対話を始めるのもよいでしょう。あまり勉強勉強したかたちをとらずに、何気なく、質問を深め合う対話ができれば、自然に問う力や考える力が伸びると思います。

きょうだいで立場が違うので、そういう点について話し合ってみるのもいいでしょう。「きょうだいでは年上がいつも我慢しなきゃダメか」とか、「きょうだいで同じ学校に進んだ方がいいか、それとも別々の学校がいいか」とかいった話など面白いかもしれません。異性のきょうだいで考え方が違うかもしれませんので、そういう話でもいいでしょう。

同じことを異なった視点から眺めるような意見はとても貴重なものです。誰かがそういう発言をしたら、他のこどもにどう思うか、質問はないかどうかを聞いてみてください。同じ意見でも、異なった理由から述べられている場合もあります。ですから、ただみんなの意見が一致しているかどうかはあまり重要ではありません。意見の背後にある理由や説明こそが大切であり、それを述べてもらうのに、時間をかけてください。

7 「またやりたい！」と思わせる終わり方

締めくくりは、授業などでは最初から時間を決めておいて、時間になったら終わる形がよいようです。しかし、家庭や親しいお友だちの間では、何かのきっかけで自然に対話を始めて、気が散ってきたら終了するという形の方がよいと思います。たとえば、絵本や図鑑を見ていくうちに、こどもの感じた問いを親子きょうだいで話し合ってみて、ある程度、話が深まるまで対話してみるというのもよいと思います。こどもの体力や集中力には年齢によって限界がありますが、哲学対話に関心を持っている間は、驚くほど集中力が持続します。

締めくくりでは、無理にひとつの結論にまとめる必要などまったくありません。学校では、しばしば先生がせっかく活発に展開した議論を、ひとつの方向にまとめてしまい、生徒のせっかくの対話を台無しにしてしまう光景をよく見かけます。こどもは、自分は話したことは結局、正解ではないんだ、最後はただ先生の言うことを結論にすればよいのだなと、対話も思考も放棄するような態度を身につけてしまいます。

そうではなく、単純に、今日の話はどういう流れだったかを振り返ってもらい、それぞれのこどもに対話を始める前と後で、新しい考えを得られたか、自分の考えが発展したと思えることがあったか、他の人の意見で考えさせられることはあったかなど、自分の中の考えの変化を省みることをさせてください。それを何か紙に書いてもらって、記録しておくのもよいと思います。後で見直すと自分の考えが進展したり、考え方が豊かになったりしているのを感じることができると思います。

また、対話に関して以下のような自己評価を感想として聞いてみるのもよいでしょう。対話の内容だけではなく、うまく対話をできるようになることが、思考力の発展にもつながるのです。

各対話の終わりに行う自己評価

①今日は互いに相手の話を聞きましたか。
②今日は多くの人が話しましたか。あなたは十分に話せましたか。
③深く考えましたか。それとも表面的な考えに終わりましたか。
④今日は違った意見も尊重しましたか。
⑤うまく質問できましたか。
⑥今日は話がかみ合っていましたか。
⑦他の人の考えも取り込めて、考えてみましたか。
⑧テーマに集中することができましたか。
⑨今日の問いについて考えが進みましたか。
⑩考えが変わったり、新しい考えが出たりしましたか。
⑪今日の哲学の時間は面白かったですか。

コラム③

対話がうまくいかないケース別対応

学校でやっても、家庭など学外でやっても、対話がうまくいかない場合があります。でも、焦るのは一番いけません。スポーツの試合や音楽の演奏のように、パフォーマンスはいつもベストとはいきませんし、思い通りにいくことの方が少ないと言えます。また、思い通りに進行しなくても、気づきや洞察に満ちた対話が生まれることも少なくありません。みんなが考えているがゆえに対話がなかなか進まないことは悪い状態ではありません。哲学対話とは、考えるために聞き、考えさせるために話し合うことなのです。

ですが、たしかにまったく対話が滞ってしまう場合もあります。その場合にはどうしたらよいか、いくつかの場合を想定してどう対応すればよいか考えてみましょう。

みんなが「話そう」という雰囲気になっていないとき

私が哲学対話のファシリテーションをするように学校に呼ばれて、はじめて教室に入ると、なにかシラーッとしていてその場の雰囲気がよくないことがあります。クラスは小さなグループに分断していて、男女の仲もよさそうではありませんし、とても真剣に話し合う態度ができそうにありません。一見して、すでにその集団が亀裂を抱えていることが分かります。そうした場合には、そのクラスの「セイフティ」、つまり安心して話せる場ができていないので、そのままでは対話はうまくいかないでしょう。うわすべりになり、心を開いた話は出てきません。

そういうときは、そのクラスの問題自体をテーマとするのがよいでしょう。とはいえ、「このクラスの何が問題でしょうか?」と直接、問いかけるのでは、ファシリテーターが怒っているように思われてしまいます。それよりも、ファシリテーターは、あまり反応が良くないことに率直にやや当惑の感を示しながら、「まず皆さんのことをよく知りたい」と言って、全員に最近の関心や興味などを自己紹介的に話してもらい、相手の話を聞く態度をとってもらうことから始めます。そして、話し合いたいテーマを生徒の側からあげてもらうのがよいと思います。きっとクラスの問題が出てくると思いますし、出てこなかった場合は、ファシリテーターの側から人間関係や友人をテーマとした問いを差し向けてみるのもいいでしょう。たとえば、「友だちって必要か」とか、「苦手な人とどうつきあうか」といったテーマです。そうして、そのクラスが抱えている問題を考えるきっかけをつくっていきます。足元の問題をやり過ごして、抽象的なことについて話し合うのが哲学ではありません。

一部の人だけが話してしまう場合

これにはふたつのパターンがあります。ひとつは物知り自慢がハイハイ手を挙げて、自分の知っていることを他の人に教えようとする場合です。大人の哲学カフェでもこういうタイプの方がいらっしゃいます。もうひとつは、何人かだけが対話を進行してしまい、残りの人が置いていかれている状態です。

哲学対話は、他者との対話を通して、自分を変革していくことに意味があります。一方的に知識を披露して話そうとするのは、考える過程よりも正解という結果をもとめるこれまでの学校教育の反映でもあります。正解を欲しがるのは、模倣者や追随者の態度です。創造的な人間は過程を重視します。

知識を披露したがるのは、競争に勝つことによってのみ自分が認められるという考えが根底にあります。哲学対話は、集団で互いの考えを深めていく過程ですので、他人の意見を聞いて自分の考えを吟味することの大切さを知ってもらう必要があります。このために重要なのが質問です。「なぜですか」「本当にそうですか」「具体例をあげてください」といった質問で、発言をひとつひとつ吟味するようにするとよいと思います。

すぐにたくさんの発言をしようとする人は、やや短慮の傾向があります。自分の考えに熱中してしまって話が止まらないようなこどもは、一旦、話を止めてもらって、「どうしてそう思ったの」と尋ねて、自分の考えを検討してもらうような質問をするとよいでしょう。また他のこどもに「いまの人の考えはどう思う」と話を振って、みんながどう思うか聞いてみるのがよいでしょう。なるべく多くのこどもに参加してもらうようにしましょう。

また、一部の人たちで対話が回ってしまって、他の人がついていけない状態についていえば、発言者を多様にするのに、よい方法は何よりもスピードダウンすることです。一部のこどもだけで発言が回っているのを一度、ファシリテーターが引き取って、他のこどもに「いままではどういう話の流れだった」とか、「どうしてこういう質問が出たのだと思う」と話を振ります。他のこどもに、これまでの話をまとめてもらったり、質問をしてもらったり、もう一度説明してもらうといった方法で、みんなが話についてこられるようにします。また、コミュニティボールは有効な道具です。ボールを横に回して、みんなに発言してもらいましょう。また、「では、一分間、考えてみましょう」など、考える時間をとってみたりします。発言のやりとりのスピードを落として、いろいろな人の意見を聞いてみることが大切です。

話の展開が行き詰まってしまう場合

あるテーマについて問いを立てて、議論を進めたものの、話が展開しなくなり、行き詰ってしまう場合があります。ファシリテーターは、この話は本当に行き止まりで、これ以上展開しそうにないのか、それともまだ論じられていない論点があるのかを見極める必要があります。まだ論じられていない観点があれば、ファシリテーターは「こういう点についてはどうでしょうか」と問います。この点で、ファシリテーターは哲学の議論の展開をいろいろ事前に考えておいた方がよいでしょう。かなり行き詰ってしまっている場合には、問いの本筋や最初のテーマに戻り、問いを立て直すとよいでしょう。また、みんなが考えることに疲れてしまっているときには、少し休み時間をとるか、その日は終了した方がよいでしょう。

それぞれ意見は出るけれども、かみ合っていない場合

これも基本的に、話の展開が早いときに起こることです。ひとつの発言の直後に、別の角度からの発言が続いた場合、とくにつながりがはっきりしていない場合には、話がどう関連しているのかを本人に確かめておいた方がよいでしょう。前の意見に賛成して、追加の意見を出したいのか。反対なのか。関係していて少し違う例を出したいのか。少し違う角度から考えたいのか。いまの話のもうひとつ前に戻って考えたいのか。前後の関係性を聞いてみるとよいでしょう。何かが関連しているはずですが、話した本人にもはっきりと自覚できていない場合もあります。それを明確にしながら進めるのが大切です。話をかみ合わせるのに必要なのは、質問です。

話が普段の会話のように軽く流れてしまって、深まらない場合

普段の会話はつぎからつぎへとテーマが変わり、いろいろなことを話して楽しんでいます。哲学対話では、できるだけひとつのテーマと問いにしっかりと腰を据えて考えていきます。最

初のテーマをみんなで話が深くなりそうなものを選び、話が行き詰まったら、最初のテーマに戻りながら自分のこれまでの考えが変わるような機会をみんなで見つけようと努力します。いろいろな場合を想定したり、ちょっと極端な意見をいってみたり、あえてありそうもないことを考えてみたりして、これまでの自分たちの考えを揺さぶるような意見や質問を出してみましょう。「そもそも何が問題なのだろう」「ほかの人だったらどう思うか」「もし〜だったらどうなるだろう」といった質問を出してみましょう。

まったく発言しようとしない人がいる場合

これにはいろいろな理由が考えられます。そのグループの中で、そもそも人間関係がうまくいっていない場合。性格的に引っ込み思案だったり、話そうとすると過度に緊張してしまったり、言葉を失ってしまったりする場合。話の展開が早すぎてついていけない場合。理由が何であるかに応じて対処法は異なりますが、やはり時間をゆっくりとることがどの場合でも、まずやるべきことです。発言するまで待ってあげるとおもむろに話し始め、次からはもっと積極的になる人もいます。過度に緊張したり、言葉を出せなくなったりしてしまう人の場合には、無理に発言をさせることはよくありません。その場に安心していられることが大切で、話さなくてもその人が、その場にいることに意味があることを本人に伝えましょう。ですが、そうした場合には、普段とは逆に返事を「はい、いいえ」で答えやすいものにすると、話してもらえるきっかけになるかもしれません。時間をかけて、無理のないように、いろいろ試してみましょう。

補論

二〇一〇年代における変化と次のステップ

筆者が小中学生と一緒に哲学対話を開始したのが、二〇一〇年ころで、本書の最初の版である『「こども哲学」で対話力と思考力を育てる』が出版されたのは二〇一四年です。そして、この増補版が出版される二〇二一年までのあいだに、こども哲学を巡る状況は、随分と大きく変化しました。徐々にですが、しかし毎年着実に、この対話的な教育方法に注目が集まり、結局、この一〇年間に、「こども哲学」という言葉はかなり教育の世界に浸透してきました。もちろん、実践している人々も、教師や保護者だけではなく、高校生どうしで哲学対話を実施するまでになっています。

とくにこの数年は学校教育にいくつかの大きな制度改革があり、これがこども哲学の普及に追い風になっているように思います。

道徳科の設置

まず、小中学校における道徳科の設置です。二〇一五年（平成二七年）の学習指導要領の一部改正により、「道徳の時間」に代わって「特別の教科　道徳」が設置され、小学校で二〇一八年（平成三〇年）、中学校で二〇一九年（平成三一年）より完全実施されました。この改正には、二つの大きな変革が見られます。

ひとつは、これまで教科外の活動として行われてきた道徳教育が、「教科化」されたことです。「教科」とは、検定教科書を使用し、教科ごとの免許があり、数値による評価（評定）を行うものを言います。ただし、道徳科に関しては、点数による評定を行わず、評価は「記述式の個人内評価」によるとされます。ここから道徳は、「特別の教科」とされるのです。もうひとつは、今次の道徳教育改正では、「読み物道徳」から、「考え、議論する道徳」への転換が掲げられたことです。

教材を読んで感想を述べることが中心だった「読み物道徳」には、文部科学省も認めているように、これまでかなりの批判が集まっていました。「国語とどう違うか分からない」「共感性と道徳性が混同されている」「正解のようなものが決まっていて、価値を押し付けられている気がする」「当たり前すぎて、それ以上の展開がない」「話し合いもしたが、結論に誘導されている」などです。これらは筆者が、道徳教育を経験した児童・生徒たちに取ったアンケートから得られた回答です。このような「読み物道徳」を、「考え、議論する道徳」へ転換することは歓迎すべき変化です。

というのは、道徳は、ただ原則を公式のように記憶しても何の意味もなく、具体的な状況においてどのようにその個別の行動や社会制度、慣習の善し悪しを見定めるかという判断力こそが重要だからです。「人にやさしく」というが、「そもそも、人に〝やさしい〟とはどういうことを言うのか」「どのような時間スパンで判断すればよいのか」「やさしさは、自分の気持ちで判断するのか、それとも相手への効力で判断するのか」、こういったことがすぐに問題となるのです。これらのことをこどもどうしでディスカッションさせることは、道徳を考えるときの視野を広げ、判断力の育成につながるはずです。

また、道徳性は個人のレベルではなく、集団のレベルでも実現されなくてはなりません。「構造的暴力」という言葉があります。「構造的暴力」とは、社会の仕組みや構造が人々に課してくる暴力性のことです。人種差別やジェンダー差別、異民族排除、階級格差、あるいは環境破壊などは、個々人が意識していないレベルで社会制度や政治経済の体制が生み出してくる悪です。これを糺《ただ》すためには、現在の自分のあり方を根源的に見直す必要があるのですが、そのことに私たちはひとりでは気づきにくく、自分との異なった人々との対話ではじめて自覚できる場合も少なくないのです。

このように、道徳性の発達には対話が不可欠です。対話によって社会の暴力性は解消されていきます。もともと哲学には道徳的なテーマが多いこともあり、こども哲学は各国で道徳教育の一環として導入されています。パート2の「7　科目ごとに取り入れてみよう」で詳しく述べましたが、「考え、議論する」道徳の実施のためには、こども哲学はうってつけの方法なのです。それゆえに、こども哲学の存在に気づき、道徳科の授業の中に取り入れている学校や先生が非常に増えてきています（野澤令照編・宮城教育大学上廣倫理教育アカデミー（２０１９）『子どもの問いでつくる道徳科実践事例集』〔子どもたちの未来を拓く「探究の対話」シリーズ〕東京書籍）。

総合的な学習（探究）

道徳科の設置に加えて、大きな変化をもたらしたのが、初等中等教育における「総合的な学習の時間」と「総合的な探究の時間」の重視です。二〇二二年度から、学習指導要領の改訂によって高等学校の「総合的な学習の時間」は「総合的な探究の時間」に変更されます。その目標は、文部科学省の指導要領によれば、「探究の見方・考え方を働かせ、横断的・総合的な学習を行うことを通して、自己の在り方生き方を考えながら、よりよく課題を発見し解決していくための資質・能力」を育成することにあるといいます。

すなわち、これからの学びは、学習者の関心が軸となり、自分の人生をよりよくしていくために、さまざまな専門的知識を横断的・総合的に利用するものでなければならないと考えられているのです。これは、まったく同意できる方向性です。学校で教わるさまざまな知識にしても、一定の自分の関心のもとで探究する態度がなければ、互いに無関係で、何の役に立つのか分からないままにとどまってしまうでしょう。バラバラに得た知識を後で総合するのではなく、人生の探究のなかで知識は最初からすべてが結びついてあるべきなのです。さまざまな知識は、自分の人生を生きるという探究の姿勢の中で、はじめて意味づけられるのです。

現代社会は、それぞれの専門分野が細分化し、職業も分業化されすぎています。そうなると、私たちは、自分の関わっている分野以外には無関心となり、自分の組織のことばかりを優先してしまいがちです。総合的な探究とは、こうした知識と社会の分断を避けるためのものでもあります。それは、より広い視野に立って、人間の知識と社会を鳥瞰的に捉える知的態度を養うためのものです。

探究の時間では、学習者が能動的に取り組むアクティブ・ラーニングが求められます。とくに、グループでの共同学習が重視されます。自分たちで真正の課題を見つけ、グループで共同して調査し、教え学び合い、課題を解決するのです。そこで、自分自身の身の回りの関心を一歩進めて、一歩広めて、多くの人にとって関心のある問題へと展開するには、哲学対話が有効なのです。とくに、具体的な調査や実験観察を行う前の、テーマと問いを設定したり、仮説を立てたりするときに有効です。探究すべきテーマを一番深いところまで掘り下げ、その意義を見出すのに、哲学対話は適しています。対話では、互いに自由に考え話し合うことによって、さまざまな角度と立場から率直な意見がもらえます。

筆者は、これまで多くの学校で、こども哲学の方法を使って、総合的な学習（探究）の時間のお手伝いをしてきました。これからも、哲学対話という方法は、探究の時間に取り入れられていくべきだし、そうなっていくだろうと考えています。

オンラインでの哲学対話

最後に、二〇二〇年二月から日本でも深刻化してきた新型コロナウィルスの感染拡大です。二〇二〇年の前半は、パンデミック状況下で、外出の自粛が政府から求められ、海外への渡航も非常に制限されものになりました。この時期、たくさんの人がインターネットを使っての在宅勤務や自宅学習への切り替えを強いられました。学校でも、大都市圏を中心に、大学や私立の中高等学校を中心に、オンラインでの授業が実施されるようになりました。

対面での授業ができない状況は、どのような教育がオンラインでも可能であり、どのような教育が対面でなければならないのかがはっきりします。ただ情報を伝えるだけでよいのなら、オンデマンドのビデオ講義を見て、質疑応答をメールでやり取りし、レポートを送るだけでことたります。教育の現場において、生身の人間と対面する意義とは、まさしくその場での身体的で感性的、即応的で、創発的なやり取りにあるのだと理解されてきました。逆に言えば、こうしたやり取りのない教育であれば、わざわざ学校に通う必要はないのです。

しかし他方で、オンラインでのやり取りにも大きなメリットがあります。何よりも、遠隔で、移動のコストや労力がかからず、ある意味で気楽に、対話的なやり取りができるのです。こうした利点を生かして、対面接触が制限される中で、オンラインでの哲学対話で交流してきました。オンラインでの哲学対話は、それ以前から試みられてきましたが、今回の感染拡大によって定着したと言ってよいほどです。会議用のアプリケーションが普及することによって、以前よりもはるかに、気軽にオンラインでの哲学カフェやこども哲学が実施されるようになりました。

人間関係が限られた状況でこそ、私たちは他者との対話をより強く望むものです。震災や津波をきっかけとして哲学カフェが各地に広まったように、今度は、パンデミック下での不安な状況のなかで、深く対話をして、自分の人生を見直す動きが再び生じたのです。こどもにも外出を控えるように求められていた時期には、保護者の方が何とかしてこどもにもコミュニケーションの機会を与えようと、オンラインのこども用の哲学カフェに多数、応募してきました。

　オンラインでのこども哲学にはメリットとデメリットがあります。メリットは、遠方からの参加のしやすさ、コストの低さ、気軽さなどが挙げられます。参加しやすいことで、これまでとは異なった人たちが参加可能になり、参加者が多様になります。たとえば、これまで近隣にこども哲学を実施しているサークルがなかった地域のこどもも、オンラインなら容易に参加できます。日本中、あるいは、世界中のこどもが、こどもどうしで対話できるのです。そして、意外にも、オンラインでの対話の方が話しやすい、理解しやすい、参加しやすいということもも（大人もですが）一定の割合でいるのです。そうしたこどもにとっては、オンライン会話は、自己表現とコミュニケーションの得難い機会となります。不登校のこどもたちが居場所を見つけられたこども哲学カフェもあります。

　他方、デメリットとしては、まず、ある場所に皆でいるという場所感や共同性が弱くなることがあげられます。場所は対話の内容に影響を及ぼします。場所の違いが私たちの対話を変化させます。体で感じる空気や雰囲気が弱いオンライン対話では、こうした場所の共有ができなくなります。反省的な思考は行えますが、皆で同じテーマを探求しているという一体感や、身体的で感情的なつながりも弱くなるのです。また、オンラインでの対話では、対面よりも集中が求められ、疲れやすくなります。とくに小さなこどもは対面よりも早く飽きてしまいます。

このように、オンラインでの哲学対話には、対面での対話と比較して、メリットもデメリットもあります。オンラインは、単純に対面の代替方法とは言えず、独特のメリットとデメリットを持った新しい方法です。こども哲学も、オンラインの特徴をうまく利用することで新しい発展を期待できるでしょう。

参考文献

オスカー・ブルニフィエ『こども哲学』シリーズ　日本語版監修：重松清、西宮かおり訳、朝日出版社。

オスカー・ブルニフィエ『はじめての哲学』シリーズ　藤田尊潮訳、世界文化社。

林竹二・小野成視（写真）（１９８１）『問いつづけて：教育とは何だろうか』径書房。

本間直樹・高橋綾（２０１０）「小学校で哲学する：オスカル・ブルニフィエの相互質問法を用いた授業」『臨床哲学』第11号、五八〜七四頁。

トーマス・E・ジャクソン（２０１３）「やさしい哲学探究」中川雅道訳、『臨床哲学』第14号（２）、五六〜七四頁。

加藤公明・和田悠編（２０１２）『新しい歴史教育のパラダイムを拓く』地歴社。

ローレンス・コールバーグ（１９８７）『道徳性の形成：認知発達的アプローチ』永野重史監訳、新曜社。

シャロン・ケイ、ポール・トムソン（２０１２）『中学生からの対話する哲学教室』河野哲也監訳、玉川大学出版部。

楠見孝・子安増生・道田泰司編（２０１１）『批判的思考力を育む：学士力と社会人基礎力の基盤形成』有斐閣。

桑子敏雄（２００５）『風景のなかの環境哲学』東京大学出版会。

ブリジット・ラベ、ミシェル・ピュエシュ『哲学のおやつ』シリーズ　高橋啓訳、NHK出版。

エッケハルト・マルテンス（２００３）『子供とともに哲学する：ひとつの哲学入門書』有福美年子・有福孝岳訳、晃洋書房。

G・B・マシューズ（１９９６）『子どもは小さな哲学者』（合本版）、鈴木晶訳、新思索社。

G・B・マシューズ（１９９７）『哲学と子ども：子どもとの対話から』倉光修・梨木香歩訳、新曜社。

松下佳代編著（２０１０）『〈新しい能力〉は教育を変えるか：学力・リテラシー・コンピテンシー』ミネルヴァ書房。

村瀬智之（２０１３）「相互評価の可能性」『臨床哲学のメチエ』第二〇号、四〜八頁。

寺田俊郎（１９９９）「子どものための哲学・子どもとともにする哲学」『臨床哲学のメチエ』第四号、八〜一三頁。

J・ライマー、D・P・パオリット、R・H・ハーシュ（２００４）『道徳性を発達させる授業のコツ：ピアジェとコールバーグの到達点』荒木紀幸監訳、北大路書房。

お茶の水女子大学附属小学校、NPO法人お茶の水児童教育研究会（２０１９）『新教科「てつがく」の挑戦：〝考え議論する〟道徳教育への提言』東洋館出版社。

梶谷真司（２０１８）『考えるとはどういうことか：０歳から１００歳までの哲学入門』幻冬舎。

川辺洋平（２０１８）『自信をもてる子が育つ　こど

も哲学：〝考える力〟を自然に引き出す』ワニブックス。
フィリップ・キャム（2017）『子どもと倫理学：考え、議論する道徳のために』桝形公也監訳、衛藤吉則・柏葉武秀・菊地建至・中川雅道・森秀樹訳、萌書房。
河野哲也（2019）『人は語り続けるとき、考えていない：対話と思考の哲学』岩波書店。
河野哲也編・得居千照・永井玲衣編集協力（2020）『ゼロからはじめる哲学対話（哲学プラクティス・ハンドブック）』ひつじ書房。
こども哲学おとな哲学アーダコーダ（2019）『こども哲学ハンドブック：自由に考え、自由に話す場のつくり方』アルパカ。
M・R・グレゴリー、J・ヘインズ、K・ムリス編（2020）『子どものための哲学教育ハンドブック：世界で広がる探究学習』小玉重夫監修、豊田光世、田中伸、田端健人［訳者代表］、東京大学出版会。
齋藤元紀（2015）『連続講義　現代日本の四つの危機：哲学からの挑戦』講談社選書メチエ。
杉田正樹（2018）『ぼくたち、なんで生きているんだろう：実況「子どもの哲学」教室』電波社。
豊田光世（2020）『p4cの授業デザイン：共に考える探究と対話の時間のつくり方』明治図書出版。
苫野一徳（2017）『はじめての哲学的思考』筑摩書房。
苫野一徳（2019）『ほんとうの道徳』トランスビュー。
土屋陽介（2019）『僕らの世界を作りかえる哲学の授業』青春出版社。
堀越耀介（2020）『哲学はこう使う：問題解決に効く哲学思考「超」入門』実業之日本社。
p4cみやぎ・出版企画委員会（2017）『子どもたちの未来を拓く探究の対話「p4c」』東京書籍。
Black, P. & Wiliam, D.（1998） *Inside the Black Box: Raising Standards Through Classroom Assessment.* NFER Nelson.
Burgh, G. Field, T., & Freakley, M.（2006） *Ethics and the Community of Inquiry: Education for Deliberative Democracy.* Cengage learning Australia.
Fisher, R.（2005） *Teaching Children to Think.* 2nd Edition, Nelson Thornes.
Fisher, R.（2008） *Teaching Thinking: Philosophical Enquiry in the Classroom.* 3rd Edition. Continuum.
Fisher, R.（2009） *Creative Dialogue: Talk for Thinking in the Classroom.* Routledge.
Hannan, P. & Echeverria, E.（2009） *Philosophy with Teenagers: Nurturing a moral imagination for the 21st Century.* Network Continuum.
Laverty, M. & Gregory, M.（2007） "Evaluating Classroom Dialogue: Reconciling Internal and External Accountability." *Theory and Research in Education.* Volume 5（3）, pp.281-308. DOI: 10. 1177/1477878507081792
Lipman, M.（1988） *Philosophy Goes to School.* Temple University Press.

Lipman, M. (2003) *Thinking in Education*. 2nd Edition. Cambridge University Press.

Lipman, M, Sharp, A. M., Oscanyan, F. S. (1980) *Philosophy in the Classroom*. 2nd Edition. Temple University Press.

McPeck, J. E. (1981) *Critical Thinking and Education*. Oxford: Martin Robertson.

McPeck, J. E. (1990) *Teaching Critical Thinking*. New York London: Routledge.

Paul, R. & Linda, E. (2007) *The Miniature Guide to Critical Thinking: Concepts and Tools*. The Foundation for Critical Thinking.

Splitter, L. & Sharp A. M. (1995) *Teaching for Better Thinking: The classroom community of inquiry*. Acer.

Sprod,T. (2011) *Discussion in Science: Promoting conceptual understanding in the middle school years*. Acer.

Sprod, T. (2001) *Philosophical discussion in moral education: the community of ethical inquiry*. Routledge.

Trickey, S. & Topping, K. J. (2004) "Philosophy for children: a systematic review", *Research Papers in Education*, Volume 19, Issue 3, pp. 365-380.

あとがき

私は、哲学対話が普及して、こどもの対話する力と考える力が向上すればすばらしいなと思って、この本を書きました。これまで、こども哲学の理論と実践法を説明してきましたが、最初に申し上げたように、対話の方法に、これという絶対的な方法はありません。細かいスキルにこだわるのは本末転倒です。実践する人が、ひとりひとり手作業で自分なりのスタイルを見つけていく以外にありません。哲学対話は何よりも楽しいものです。それは人生に意味づけを与えてくれる作業だからです。どのような知識や技術もこの意味づけなくしては虚しく、学ぶ動機も萎えてしまいます。また、哲学対話は、どの教科科目とも結びつけられます。それは汎用的な知的資源となるのです。ぜひ、みなさんもこどもと一緒に、こどもになって哲学対話を試みていただくことを、本書の筆者として願っています。

本書はさまざまな人の助けを借りてできあがりました。まず何より私たちの実践を受け入れていただいた小中高等学校の児童・生徒さんたち、保護者の方、先生方、すべての人のお名前を挙げることはできませんが、感謝申し上げます。

本書は、二〇一八年に弊社より刊行しました『じぶんで考えじぶんで話せる　こどもを育てる哲学レッスン』に、「増補版について」「コラム①」「補論」を増補したものです。

河野哲也（こうの・てつや）

1963年生まれ。立教大学文学部教育学科教授。専門は哲学・教育哲学。NPO法人「こども哲学　おとな哲学アーダコーダ」副代表理事。著書に『意識は実在しない』（講談社選書メチエ）、『道徳を問いなおす』（ちくま新書）『人は語り続けるとき、考えていない』（岩波書店）など。共著に『子どもの哲学』『この世界のしくみ』（ともに毎日新聞出版）など。共訳書に、トムソン他著『中学生からの対話する哲学教室』（玉川大学出版部）、リップマン他著『子どものための哲学授業』（河出書房新社）など。

じぶんで考《かんが》え
じぶんで話《はな》せる
こどもを育《そだ》てる
哲《てつ》学《がく》レッスン 増補版

2018年6月30日　初版発行
2021年2月18日　増補版初版印刷
2021年2月28日　増補版初版発行

著者
河野哲也

デザイン
三木俊一（文京図案室）

装画・本文イラスト
加藤淳一

発行者
小野寺優

発行所
株式会社河出書房新社
〒151-0051 東京都渋谷区千駄ヶ谷2-32-2
電話 03-3404-1201（営業） 03-3404-8611（編集）
http://www.kawade.co.jp/

印刷・製本
中央精版印刷株式会社

Printed in Japan
ISBN978-4-309-24998-8